Beatrix Roidinger & Barbara Zuschnig

Sexpositiv

Beatrix Roidinger & Barbara Zuschnig

SEX POSITIV

Intimität und Beziehung neu verhandelt

GOLDEGG VERLAG

Fotocredit Autorenfoto: Tomislav Atanasovski
Bildrechte Umschlag: Kathrin Steigerwald, Hamburg

Der Verlag und seine Autorinnen sind für Reaktionen, Hinweise oder Meinungen dankbar. Bitte wenden Sie sich diesbezüglich an verlag@goldegg-verlag.com.

Der Goldegg Verlag achtet bei seinen Büchern und Magazinen auf nachhaltiges Produzieren. Goldegg Bücher sind umweltfreundlich produziert und orientieren sich in Materialien, Herstellungsorten, Arbeitsbedingungen und Produktionsformen an den Bedürfnissen von Gesellschaft und Umwelt.

ISBN: 978-3-99060-211-9

© 2021 Goldegg Verlag GmbH
Unter den Linden 21 • D-10117 Berlin
Telefon: +49 800 505 43 76-0

Goldegg Verlag GmbH, Österreich
Mommsengasse 4/2 • A-1040 Wien
Telefon: +43 1 505 43 76-0

E-Mail: office@goldegg-verlag.com
www.goldegg-verlag.com

Layout, Satz und Herstellung: Goldegg Verlag GmbH, Wien
Printed in the EU

Inhaltsverzeichnis

Einleitung

In jedem Leben gibt es Meilensteine. Das sind Erfahrungen, Erkenntnisse oder Begegnungen, die verändern. Oft unvorhergesehen und irritierend. Oft lang ersehnt und willkommen. Oft umfassend und irreversibel. Dann ist vieles nicht mehr so, wie es war. Dann ordnen sich die wesentlichen Elemente, die ein Leben und eine Identität ausmachen, neu. Oft erkennt man erst rückblickend, dass sich etwas von lebensverändernder Tragweite ereignet hat. Bei uns war so ein Meilenstein unser erstes sexpositives Festival vor ungefähr zehn Jahren. Ohne zu wissen, dass es so etwas gibt, haben wir unbewusst lange Zeit danach gesucht – und als wir uns mittendrin wiederfanden, waren wir erstaunt und überwältigt. Nach drei intensiven Festivaltagen hatten wir das Gefühl, etwas entdeckt zu haben, das wir uns erträumt hatten. Heute schreiben wir ein Buch darüber. Es ist das erste deutschsprachige Buch, das sich explizit mit dem Thema Sexpositivität befasst.

Kennengelernt haben wir uns als Studentinnen. Auch das war so ein Meilenstein. Wir hatten ein breites Spektrum an gemeinsamen Themen: von Kunst bis Literaturwissenschaft, von Politik bis Feminismus, von Soziologie bis Organisationsentwicklung. Schon damals haben uns Menschen interessiert. Wie sie leben und was sie antreibt. Welche Systeme sie entwickeln und welche Vorstellung sie von einem guten Leben haben. Besonders hat uns interessiert, wie Menschen Intimität und Beziehung gestalten. Wir konnten nächtelang darüber philosophieren. Die Perspektive zwischen eigenen Erlebnissen und Gefühlen und intellektuellen Analysen wechselte dabei je nach Tagesverfassung. Mit wenigen anderen Menschen konnten wir so differenziert, engagiert, aber auch lustvoll über Sexualität sprechen. Oft wurden wir von unserem Umfeld mit dem Hinweis zurückgewiesen, unsere Fragen wären zu privat. Heute haben wir diese Fragen zu unserem Beruf gemacht. Seit 2017 arbeiten wir als Sexual- und Paarberaterinnen in unserer eigenen Praxis *EROS & du* in Wien.

Nach unserem ersten sexpositiven Festival haben wir mit zunehmender Neugier und Faszination weitere Festivals, Workshops, Jahresgruppen und Konferenzen sowie sexualtherapeutische Ausbildungen in vielen Ländern besucht. Wir reisten in die Schweiz, nach Deutschland, Indien, England, Amerika, Italien, Schweden, Dänemark, Israel und Tschechien.

Was ist nun »sexpositiv«? Sexpositiv ist eine Haltung, aber man könnte auch sagen: Es ist eine Bewegung. Jedenfalls ist es kein neues Partyformat, wie es von manchen Medien kolportiert wird. Eine sexpositive Haltung hat man sich selbst und anderen gegenüber im Zusammenhang mit den Themen Intimität und Beziehung. »Intimität« kann dabei sowohl emotionale als auch körperliche Intimität bedeuten. »Beziehung« meint alle Formen von Zusammensein und Lebensentwürfen – von monogamen bis polyamoren und anderen nicht-monogamen Modellen. Eine sexpositive Haltung eröffnet neue Sichtweisen, erweitert unseren Handlungsspielraum und lehrt uns, wohlwollend und zugewandt über unsere Bedürfnisse zu sprechen, ohne die Wünsche der anderen abzuwerten. Dadurch entstehen mehr Möglichkeiten, auszuwählen, zu gestalten und Bestehendes zu verändern – und dies ist überhaupt erst die Voraussetzung und Basis, um über Intimität und Beziehung zu verhandeln.

Die sexpositive Haltung ist hedonistisch. Sie sieht Sexualität als eine wesentliche Quelle für ein gesundes und erfülltes Leben. Sie fördert sichere, konsensuale und lustvolle Begegnungen und schafft damit die Möglichkeit, die persönliche Sexualität in vollen Zügen zu genießen. So gesehen kann sich auch auf einer Party die sexpositive Haltung manifestieren. Eine sexpositive Haltung bewertet nicht, was richtig und normal ist, sondern ermutigt jeden Menschen, den individuellen und authentischen Weg zu finden. Die Zahl der Menschen, Organisationen und Szenen, die sich mit einer sexpositiven Haltung Gedanken über Sexualität, Körper, sexuelle Identität und Beziehung machen, ist in den letzten beiden Jahrzehnten stetig gewachsen. Durch Netzwerke, Konferenzen, virtuelle und reale Zusammenschlüsse sowie durch Begegnungen auf Festivals und Workshops ist mit den Jahren eine Bewegung entstanden.

Die sexpositive Bewegung setzt sich also aus heterogenen Szenen und Lebensstilen zusammen. Allen gemeinsam ist, dass sie gleiche Rechte für alle fordern, unabhängig von Geschlecht, Beziehungskonzept und sexuellen Vorlieben. Die sexpositive Bewegung ist damit auch eine soziale Bewegung, weil sie Ungleichheiten benennt, die Menschen in ihren sexuellen Freiheiten einschränkt. Sie steht für eine progressive sexuelle Aufklärungsarbeit und Sexualpädagogik – auch für Erwachsene.

Wir nähern uns dem Thema aus unterschiedlichen Blickwinkeln, um seine gesamte Bandbreite abzudecken. Im ersten Kapitel beschreiben wir, was wir als Sexualberaterinnen in unserer Arbeit immer wieder hören: Menschen können die Intimität und Sexualität, nach der sie sich sehnen, nicht leben. Oft stecken sie in unglücklichen Beziehungen. Sie sind auf der Suche nach Lebendigkeit, authentischer Hingabe und Sinnlichkeit. Sie vermissen liebevolle Begegnungen, in denen sie sich entfalten und wachsen können. Oft ist der erotische Raum eng oder gar geschlossen, und Inspiration und Neugier fehlen. Anstatt Wertschätzung und Anerkennung regieren Angst und Abwertung. Anstatt sich selbst und das Gegenüber entdecken zu wollen, kultivieren sie Frust und Ohnmacht. Anstatt aufeinander zuzugehen, Fragen zu stellen und zuzuhören, wenden sie sich enttäuscht oder gelangweilt ab. Anstatt sich zu zeigen und etwas Neues auszuprobieren, bleiben sie lieber im alten Leid.

Inspiriert durch unsere eigenen Erfahrungen begannen

wir in unserer Praxis mit einer sexpositiven Haltung zu arbeiten. Wir sind davon überzeugt, dass ein sexpositiver, ressourcenorientierter Zugang die Möglichkeit bietet, sich spielerisch, experimentell und körperbezogen mit der eigenen Sexualität auseinanderzusetzen. Für viele Menschen eröffnet dies einen neuen Blick auf sich selbst und auf Beziehungen.

Um den gesellschaftspolitischen Beitrag der sexpositiven Bewegung besser einordnen zu können, geben wir im zweiten Kapitel einen Überblick zur Geschichte von Sexualität und Beziehung. Die sexpositive Bewegung entwickelt den Diskurs um Geschlecht, sexuelle Identität und Orientierung theoretisch wie praktisch weiter. Eine sexpositive Haltung kann nicht nur die Beziehung zwischen Mann und Frau entspannen, sondern zwischen allen Geschlechtern. Sie fordert die Anerkennung non-binärer Geschlechtsidentitäten ein.

Eine sexpositive Haltung kann auch Ihre Sexualität verändern. Wie, das beschreiben wir in Kapitel 3. Mit einer sexpositiven Haltung können Sie bewusst steuern, was ohnehin passiert – nämlich, dass sich Sexualität im Lauf des Lebens verändert. Was Ihnen in Ihren Zwanzigern Spaß gemacht hat, muss Ihnen in einer langjährigen Beziehung mit Kindern nicht mehr gefallen. Wie Sie heute, mit über fünfzig Jahren, Ihre erotische Begegnung mit Ihrem jungen Liebhaber gestalten, davon hätten Sie als 30-Jährige nur geträumt. Was Sie als 70-jähriger Mann aufregend finden, hätte Sie als 40-Jähriger vielleicht nicht interessiert oder sogar abgeschreckt. Eine sexpositive Haltung löst eingefahrene Muster auf. Humor und Leichtigkeit gehören dazu, denn damit ist auch Scheitern nicht so bitter. Weil nicht immer gelingt, was man sich so schön vorstellt.

In Kapitel 4 verorten wir den noch sehr jungen Begriff »sexpositiv« im Spiegel der Szenen, die ihn hervorgebracht haben und weiterentwickeln. Das geht von Tantra über Kink bis hin zur Lesbian-Gay-Bisexual-Transgender-Intersexual-Szene (LQBTIQ). Eine sexpositive Sexualität eröffnet Varianten und Möglichkeiten. Wir laden Sie in diesem Kapitel zum Fantasieren, Spielen und Ausprobieren ein, wenn wir über die japanische Fesselkunst Shibari, eine BDSM-Session oder über ein Tantra-Ritual schreiben. Damit Sex keine Einbahnstraße von A nach B mehr ist.

Eine sexpositive Haltung fordert und fördert radikale Selbstverantwortung. Das bringt uns zu Kapitel 5. Anstatt das Gegenüber verantwortlich zu machen, wenn es nicht gut läuft, fordert eine sexpositive Haltung, dass jeder an sich selbst, an der eigenen Beziehungs- und Bindungsfähigkeit, arbeitet. Das ist eine Voraussetzung für gelungene Beziehungen und ein wesentliches sexpositives Credo. Allerdings unterstützen sexpositive Menschen einander aktiv, weil sie sich bewusst sind, welch schwierige Prozesse damit oft verbunden sind. Sie haben Verständnis, Respekt und Mitgefühl dafür. Man könnte auch sagen: Die sexpositive Haltung ist ein Katalysator für persönliche Weiterentwicklung.

Sexpositive Menschen haben gelernt, sich ehrlich auszutauschen, Bedürfnisse zu artikulieren und Situationen zu reflektieren. Sie haben außerdem gelernt, dass ein Nein zum anderen oft ein Ja zu sich selbst ist und bedanken sich dafür, dass das Gegenüber selbst die Verantwortung für die eigenen Grenzen übernimmt. Es ist nur ein scheinbares Paradox, dass ein Nein die Voraussetzung für ein Ja ist. Wenn man darüber sprechen kann, fördert dieser Austausch Nähe und Vertrauen und ist ein wesentliches Element für einen achtsamen, lustvollen und beziehungsorientierten Umgang miteinander. Konsens herzustellen ist das explizite und bewusste Aushandeln einer beidseitigen Zustimmung für alles, was Menschen miteinander tun. Die sexpositive Bewegung geht davon aus, dass Konsens die Basis für gelungene Intimität und Beziehung ist. Nirgends sonst haben wir eine derart differenzierte Auseinandersetzung mit diesem Thema gefunden wie im Kontext von Sexpositivität. Wir haben dem Thema Konsens deswegen ein eigenes Kapitel – Kapitel 6 – gewidmet.

Nicht nur im privaten Rahmen wird in der sexpositiven Bewegung über Sexualität geredet. Weil sexpositive Menschen Intimität und Beziehung als permanenten Lernprozess begreifen, schaffen sie Orte des Austauschs. Dies können Workshops, Festivals, sexpositive Veranstaltungen und andere Events sein. Dort finden sich Angebote, um ein neues Körperbewusstsein zu erlangen, die Selbstliebe zu erweitern, das Lustempfinden zu verbessern und negative Erfahrungen aufzuarbeiten. In diversen Übungen geht es um einen achtsamen Umgang mit dem Körper, um einen bewussteren Zugang zu Fantasien und vor allem um eine Belebung des kreativen (sexuellen) Potenzials. Die Reflexion mit anderen Teilnehmenden als grundlegender Bestandteil von Selbsterfahrung ist genauso wichtig wie die Möglichkeit, etwas Neues zu erleben. Wir beschreiben in Kapitel 7, was sexpositive Orte auszeichnet, was Sie dort erwartet und warum wir Ihnen ans Herz legen, einen solchen Ort einmal aufzusuchen.

Viele Menschen, die in nicht-monogamen Beziehungen leben, verstehen sich als Teil der sexpositiven Bewegung. In Kapitel 8 nehmen wir die wesentlichen Aspekte von polyamoren Beziehungsformen in unseren Fokus und beschreiben, mit welchen Themen sich polyamor lebende Menschen auseinandersetzen. Polyamorie ist ein breit gefächertes und komplexes Thema, das wir in diesem Buch nicht mit der ihm gebührenden Ausführlichkeit behandeln können. Wenn wir in diesem Buch über Paare oder Beziehung schreiben, dann verwenden wir diese Begriffe weiter gefasst, als es sonst üblich ist. Eine Beziehung kann auch eine »Spielbeziehung« von Kink-Menschen sein. Ein Paar muss nicht zwingend monogam leben und es muss nicht heterosexuell sein.

In unseren Ausbildungen haben wir zwar viele Methoden in die Hände bekommen, wie man mit Dysfunktionalitäten (also in unserem Fall: mit Störungen im Zusammenhang mit Sexualität) arbeiten kann, wenige Ideen gibt es jedoch dazu, wie man Sexualität spannender und kreativer gestalten kann. Auch das klassische monogame Beziehungskonzept wird meistens nicht verlassen. Häufig waren wir vor allem im akademischen Kontext damit konfrontiert, dass Abweichungen von der »Norm« pathologisiert, also als krankhaft angesehen wurden. Wir hörten zum Beispiel: »Wenn man Schmerzen als lustvoll empfindet, steckt meistens ein Trauma aus der Herkunftsfamilie dahinter.« »Eine intime Beziehung zwischen mehr als zwei Personen funktioniert nicht. Da stecken Bindungsprobleme dahinter.« »Sind auf diesen Festivals nicht nur Frustrierte und Spanner?« Diese Vorurteile werden der Ernsthaftigkeit, mit der sich sexpositive Menschen mit den Themen Intimität und Beziehung auseinandersetzen, nicht gerecht. Beratung und Therapie sind unserer Meinung nach gefordert, sich mit den Realitäten von queer, polyamor oder kink lebenden Menschen und mit der gesamten Bandbreite, die Sexpositivität beinhaltet, auseinanderzusetzen. Inklusion (»Einschluss«) und eine wertschätzende Haltung gegenüber jeder sexuellen Identität und Beziehungsform sowie Interesse für die sexpositiven Szenen und Aktivitäten sollte Einzug in die Praxiszimmer sowie in die Ausbildungen zu (Sexual-)Therapie und (Sexual-)Beratung halten.

Wir illustrieren unser Buch immer wieder mit (selbstverständlich anonymisierten) Fallbeispielen und Erfahrungsberichten unterschiedlicher Herkunft. Einerseits beschreiben wir die Entwicklung einiger Klienten aus unserer Praxis. Andererseits erzählen wir Ihnen auch von Menschen, die wir auf unseren Streifzügen durch die bunte sexpositive Welt kennen gelernt haben. Wir freuen uns, dass wir von einigen Menschen die Originaltexte ihrer erotischen Kommunikation zur Verfügung gestellt bekommen haben. Sie zeigen eindrucksvoll, dass Sex bereits mit Worten beginnt und nicht erst nackt im Bett. In Kapitel 9 erzählen wir Ihnen von der sexpositiven Beziehung zwischen Agnes und Nicola.

Zum Schluss verdichten wir alle in diesem Buch vorgestellten Themen zu 16 Punkten, mit denen Sie Ihre Intimität und Beziehung neu verhandeln können. Auch wenn Sie weder Teil der hier vorgestellten Szenen sind noch sich an sexpositive Orte begeben wollen: Sie können in dieser Zusammenfassung dennoch hilfreiche Ideen und Prinzipien für Ihre Beziehungen finden. Vor allem dann, wenn Intimität für Sie ein wesentlicher Faktor ist, um sich lebendig zu fühlen!

Sie müssen dieses Buch nicht von vorne nach hinten lesen. Steigen Sie irgendwo ein und lassen Sie sich treiben. Kernthemen wie Veränderungsprozesse, persönliches Wachstum, das Feiern der Vielfalt, sexuelles Lernen und Konsens werden Sie an verschiedenen Stellen in verschiedenen Zusammenhängen finden.

Mit einer sexpositiven Haltung lernen wir, tolerant jenen gegenüber zu sein, die andere Neigungen, Vorlieben und Lebensweisen haben als wir selbst. Die sexpositive Bewegung bricht gesellschaftliche Stereotypen auf und schließt auch die Menschen mit ein, die üblicherweise durch Vorurteile und negative Bewertungen ausgeschlossen werden. Das ist mit dem gängigen Begriff »Inklusion« gemeint. Alter, Geschlecht, Beeinträchtigung, Identität und Körper werden in ihrer Vielfalt (»Diversität«) wertgeschätzt und nicht beurteilt. Wir wollen mit diesem Buch das Potenzial, das in der sexpositiven Bewegung steckt, zeigen. Wir finden, dass eine sexpositive Haltung weit über die Themen Intimität und Beziehung hinauswirkt und das Miteinander auf der Welt friedlicher und besser macht.

Unter www.sexpositive-coaching.com finden Sie die Website zum Buch. Wenn Sie nun auf den Geschmack gekommen sind, noch tiefer einzutauchen, wie Sie eine sexpositive Haltung auch in Ihrem Leben oder in Ihrer Beziehung verwirklichen können, finden Sie hier Informationen zu unserem sexpositiven Coaching-Programm. Einen Serviceteil mit Adressen von sexpositiven Festivals, Orten und Veranstaltungen, Buchtipps und anderen Empfehlungen ergänzen wir hier laufend.

Im Anhang haben wir einen Serviceteil mit Adressen von sexpositiven Festivals, Orten und Veranstaltungen sowie Buchtipps und andere Empfehlungen zusammengestellt. Dieser Teil erhebt keinen Anspruch auf Vollständigkeit und ist unsere subjektive momentane Auswahl. Wir ergänzen diese Liste laufend auf der Website zum Buch.

Unser Buch kann nur eine Momentaufnahme sein. Die sexpositive Bewegung ist lebendig und nicht dogmatisch. Inhalte, Themen und Forderungen werden von den einzelnen Protagonistinnen ständig diskutiert und reflektiert. Mit großer Sicherheit sind parallel zum Schreiben des Buches wieder neue Ideen und Erkenntnisse entstanden und haben die Entwicklung der sexpositiven Haltung ein Stück vorangetrieben. Wir freuen uns, ein Teil der Bewegung zu sein und mit diesem Buch einen Beitrag zu leisten, damit mehr Menschen darüber erfahren.

Das Thema gendergerechte Sprache haben wir so gelöst, dass wir abwechselnd die weibliche und die männliche Form verwenden, und wenn es Grammatik und Bedeutung erlauben, schreiben wir geschlechtsneutral.

Wir wünschen Ihnen, dass Sie dieses Buch inspiriert und ermutigt, unseren gewohnten Umgang mit Sexualität und Beziehungen zu hinterfragen und Neues auszuprobieren. Vielleicht entdecken Sie beim Lesen etwas, das auch Ihr Leben verändert und zu Ihrem Meilenstein wird.

KAPITEL 1

Wie bekomme ich den Sex, nach dem ich mich sehne?

Ist es nicht einfach? Wir sind geil und wir wollen Sex. Wir lieben und wir wollen geliebt werden. Ob wir jung, alt, dick, dünn, hetero oder homosexuell sind, ob wir uns als Frau oder Mann oder beides gleichzeitig fühlen, ob wir monogam oder polyamor leben: Wir alle sind auf der Suche nach nährenden, erfüllenden und lustvollen Beziehungen. Die Sehnsucht nach Intimität und Leidenschaft in Begegnungen treibt uns an.

Wir wollen Menschen treffen, mit denen wir glücklich sind. Mit denen das Zusammensein angenehm ist. Mit denen wir uns verbunden und dennoch frei fühlen. Mit denen wir wachsen. Dabei erscheint uns der Anspruch nach lustvollem Sex selbstverständlich. Unsere Partner sollen so viel sein. Als Liebhaberin wild und begehrlich. Als bester Freund geduldig und verständnisvoll. Als Lebensgefährte liebend und sorgend. Und später als Elternteil fürsorglich und verlässlich. Und all das sollte gleichzeitig und ganz lange so sein – für viele am besten ein ganzes Leben lang. Wer würde das nicht unterschreiben? Wer würde das nicht wollen? Bekommen die meisten Menschen heutzutage viele dieser Rollen meist recht gut unter einen Hut, so ist das mit dem lustvollen Sex oft eine unüberwindbare Hürde und Anlass für Klagen; diese kommen oft hinter vorgehaltener Hand oder im geschützten Rahmen einer Paar- oder Sexualberatung.

Viele Menschen in Beziehungen leiden an Lustlosigkeit,

Langeweile und schlechter Kommunikation – besonders, wenn es um das Thema Sex geht. »Kann es nicht wieder so wie am Anfang sein?«, fragen sie dann. Und es klingt mehr nach einer Forderung als nach einer Frage. »Da sind wir im Stiegenhaus übereinander hergefallen, da waren wir leidenschaftlich, wild und kreativ.« Und jetzt? Entlang der Beziehungsgeschichte verliert sich das Begehren. Über Sex wird, wenn überhaupt, nur mehr gesprochen, wenn etwas nicht funktioniert oder etwas fehlt. Die einen fühlen sich nicht gesehen, die anderen nicht gemeint. Es herrschen Frust, Misstrauen, Ärger und Angst. Und langsam verschwindet die Lust. Anstatt dass sich Erotik in den Alltag ausbreitet und das Leben prickelnd macht, weicht sie im besten Fall wohliger Vertrautheit, vielleicht sogar Liebe. Im schlechtesten Fall bietet unerfüllter Sex Anlass für gegenseitige Abwertung und Streit. Nicht selten ist dies der Grund für ein Auseinanderleben oder die Trennung.

Dann beginnt das Spiel von Neuem. Wir schauen uns um am freien Markt der Singles. Wir finden jemanden. Was folgt? Verliebt. Verlobt. Verheiratet. Schlechter Sex. Trennung. Warum ist das so? Warum gelingt es so oft nicht, dass wir uns mit unserem geliebten langjährigen Partner auch auf lange Sicht erotisch wohl fühlen? Warum haben wir nicht den Sex, den wir uns immer gewünscht haben? Wissen wir, was wir uns wünschen? Vielleicht wollen wir uns auch nicht in einer Partnerschaft binden. Vielleicht ist Casual Sex (»beiläufiger« Sex, Gelegenheitssex) derzeit das Richtige. Aber auch da ist die Frage: Warum fühlen wir uns dort so oft unwohl?

Der Untertitel dieses Buches lautet »Intimität und Beziehung neu verhandelt«. Wir sprechen hier nicht darüber, wie Sie Ihren Alltag regeln und wie Sie Ihre allgemeine Kommunikation verbessern. Hier geht es ausschließlich um die Themen Sexualität, Erotik und Beziehungsformen im Hier und Jetzt. Es geht um Sie als sexuelles Wesen. Es geht darum, wie, wo und mit wem Sie Ihre Sexualität leben. Wir wollen Ihnen zeigen, wie Sie mit einer sexpositiven Haltung aus dem oben beschriebenen Dilemma herauskommen.

Viele Sexualtherapeutinnen wie Esther Perel, David Schnarch und Ulrich Clement haben über Erotik, Sex und Beziehungen publiziert. Sie haben die Dynamik des Begehrens erforscht und geben Antworten. Wir haben von allen dreien viel gelernt. Warum ist eine befriedigende Erotik in langjährigen Beziehungen so schwierig? Wir fassen die drei für uns wesentlichen Gründe zusammen. Erstens verhaken wir uns in widersprüchlichen Bedürfnissen nach Nähe und Distanz, nach Bindung und Autonomie und nach Sicherheit und Überraschung. Zweitens hindern uns eine Vielzahl an Annahmen, Mythen und Unwissenheit daran, unser erotisches Potenzial zu entfalten. Jedes zweite Paar kommt zum Beispiel mit der Idee zu uns in die Praxis, dass nur genitaler Sex richtiger Sex ist. Oder dass Frauen von Natur aus weniger Lust haben. Viele kennen sich zudem anatomisch nicht oder nur unzureichend aus. Drittens fehlt es vielen Menschen an Differenzierung. Das heißt, dass sie irritiert und ängstlich darauf reagieren, wenn ihre Partnerin anders ist und eine andere Begehrensstruktur hat. Unterschiedlichkeit wird im besten Fall ignoriert, im schlimmsten Fall verurteilt – aber selten als wesentliches, ja als bereicherndes Element zelebriert. In den nächsten drei Abschnitten gehen wir auf jeden dieser Aspekte näher ein.

Ich will dir nah sein und ich will frei sein: Sicherheit und Abenteuer ermöglichen

Beginnen wir mit dem ersten Punkt: Esther Perel beschreibt in ihrem fast fünf Millionen Mal gesehenen TED-Talk vom November 2013 »The Secret of Desire in a Long-Term Relationship«, warum es so oft keinen guten Sex bei Menschen gibt – auch wenn sie sich lieben. Man könnte sagen: Weil sie sich lieben und sehr vertraut miteinander sind. Sinngemäß sagt sie, dass wir in einer Beziehung gehalten und uns zugehörig fühlen wollen. Wir wollen den Abstand verringern. Wir wollen maximales Vertrauen und Vorhersehbarkeit. Wir wollen wissen, was als Nächstes passiert. Wir wollen unsere Angst und existenzielle Einsamkeit überwinden und uns in Sicherheit und nah mit dem anderen fühlen. All das ist schön und nährend. Für viele Menschen sind das jedoch nicht die Ingredienzien erotischer Anziehung. Perel sagt treffend, dass wir in der Erotik das Unbekannte, Geheimnisvolle und Unvorhersehbare suchen. Wir nehmen dafür Unsicherheit in Kauf, weil uns das an- und erregt und herausfordert. Wir wollen erforschen, was wir noch nicht kennen. Wir wollen ein neues Land betreten. Wir wollen Grenzen überschreiten. Wir wollen überrascht werden und neue Seiten an uns selbst entdecken. So fühlen wir uns lebendig. Meist verlassen wir dazu anfangs bereitwillig unsere Komfortzone. Wir nehmen Angst und Unsicherheit in Kauf. Aber eben nur für kurze Zeit. Sobald aus einer noch unverbindlichen Begegnung eine verbindliche Beziehung wird, schlüpfen wir wieder in andere Rollen und fordern von unseren Partnern, dass sie sich zugewandt, verlässlich und fürsorglich verhalten. Das ist grundsätzlich etwas Gutes. Doch die Frage ist: Wie kann man mit diesem Widerspruch umgehen? Welche Lösungen gibt es dafür?

Bettina und Georg sind seit zehn Jahren ein Paar. Sie führen zusammen ein Architekturbüro und sind ein richtig gutes Team. Wenn es darum geht, Ideen für den nächsten Wettbewerb zu finden, wachsen sie regelmäßig über sich hinaus. Ihre Kommunikation ist wertschätzend und kooperativ. Sie sagen beide, dass sie sich lieben und froh sind, einander gefunden zu haben. Sexuell ist das Begehren auf Sparflamme. Nach den ersten zwei aufregenden Jahren ist die erotische Spannung zwischen ihnen immer mehr abgeflaut. Man könnte fast sagen, dass dies in Wechselwirkung zum Aufbau ihres Büros und ihrer immer inniger werdenden Beziehung verlaufen ist. Wie bei vielen Paaren hat sich ihre Beziehung und die Liebe gefestigt, während sich gleichzeitig Flaute im Bett breit gemacht hat. Das irritiert und macht hilflos. Paare versuchen oft, der veränderten Begehrens-Situation etwas entgegen zu setzen. Für viele gehen die Anstrengungen, das gemeinsame Sexleben mit Toys, Dessous, Kamasutra-Stellungen oder einem Besuch in einem Swingerclub aufzupeppen, schnell wieder ins Leere. Das Feuer will sich nicht entfachen. Übrig bleiben Resignation und noch mehr Frust. Das freundschaftliche Verhältnis verdichtet sich weiter, die Erotik geht bald gegen Null. Nicht selten beginnt einer der Partner eine heimliche Affäre.

Das passiert auch bei Bettina und Georg. Sie sind gemeinsam auf einer Vernissage. Georg muss früher gehen, weil er noch etwas im Büro fertig machen muss. Bettina will noch auf ein Getränk bleiben. Sie kommt mit Siegfried, dem Künstler, ins Gespräch. Aus einer Stunde werden drei. Aus dem Gespräch wird ein Flirt. Sie tauschen Telefonnummern. Und schon bald beginnt ein leidenschaftlicher Chat. Bettina findet, was in der Beziehung verloren gegangen ist. Die Affäre lebt von der Spannung des Unbekannten, von der Imagination, von der Vorfreude und dem energetisierenden Gefühl, sich neu zu erfinden und entdecken zu können. In der Affäre ist auf einmal alles leicht, lustvoll und erotisch bedeutsam. Bei Bettina geht es anfangs nicht um ein reales Treffen. Es geht um die prickelnde Vorstellung. Es geht um das Verbotene und Unvorhergesehene. Alles ist neu und unbekannt. Sie fühlt sich nach ein paar Nachrichten in ihrer Erotik lebendiger als in den letzten fünf Jahren ihrer Beziehung. Vor allem fühlt sie sich von Siegfried als Frau und erotisches Wesen gesehen und gemeint.

Als sie sich schließlich entscheidet, Siegfried auch real

zu treffen, wird es erst richtig spannend. Die beiden können sich nicht oft sehen, teilen weder Alltag noch Verpflichtungen. Bettina entflammt völlig in ihrem Begehren. Im Unterschied zur Beziehung mit Georg bereitet sich Bettina auf die Treffen vor. Bettina und Siegfried schreiben sich bereits lange vor dem Treffen Messages mit eindeutigem Inhalt, die die Vorfreude steigern. Beide fühlen sich gut und begehrenswert. Sie finden es aufregend, einander ihre Wünsche mitzuteilen. Überbordend und großzügig lassen sie den anderen an den Gefühlen und Erregungszuständen teilhaben. Dieser rege Austausch über Sex ist Bestandteil ihrer Liebschaft und bildet den größten Unterschied zur Situation daheim. Dort wird kaum mehr darüber gesprochen. Das schlechte Gewissen belastet, aber die Belohnung ist immens. Endlich spürt Bettina wieder das Leben pulsieren. Und das nicht nur zwischen den Beinen. Sie fühlt sich strahlend, begehrt und vibriert beim bloßen Gedanken an das nächste heimliche Treffen.

Am Ende von Affären bleibt oft ein emotionaler Scherbenhaufen übrig. Zumindest für die Person, die belogen wurde. Oder für den Geliebten, der wieder gehen muss, weil die vertraute, verbindliche Beziehung am Ende Priorität hat. Bettina und Georg lösen das Problem anders und gehen einen neuen Weg. Bettina erzählt Georg von Siegfried und von ihren Gefühlen. Nach vielen intensiven Gesprächen und emotionalen Ausnahmezuständen einigen sie sich darauf, die Beziehung zu öffnen. Warum sollen sie sich trennen? Sie verstehen sich doch auf so vielen Ebenen hervorragend und lieben einander. Sie fühlen sich trotz dieser Achterbahn der Gefühle so nah wie schon lange nicht mehr, und selbst ihr gemeinsames Sexualleben hat einen neuen Auftrieb bekommen. Die Offenheit, mit der sie einander ihre Gefühle zeigen und mit der sie verhandeln, wie sie sich ihr Zusammenleben in Zukunft vorstellen, hat eine Nähe entstehen lassen, die sie wieder zusammenführt. Als Paar und als Mann und

Frau. Sie sprechen wieder über ihre sexuellen Bedürfnisse und Sehnsüchte und werden dadurch füreinander erotisch interessant.

Bettina und Georg sind aus dem Entweder-Oder ausgestiegen und haben mutig eine dritte Lösung gesucht. Sie wissen nun, dass man sich gleichzeitig nahe und verbunden sein kann und trotzdem erotisch unabhängig. Im 8. Kapitel unseres Buches beschreiben wir die Besonderheiten von derartigen nicht-monogamen Beziehungen detaillierter.

Ich entscheide, was ich mir erlaube: Sexuelle Gebote hinterfragen

Die Vielzahl hinderlicher Annahmen ist ein zweiter Grund für das Scheitern befriedigender Sexualität. Ein Klassiker ist der Glaube, dass Sex ein Trieb sei und sich spontan einstellen würde. Nur das sei richtiges Begehren, nur das sei die richtige, gewünschte Lust. Nur so könne man guten Sex haben. Und wenn nicht? Pech gehabt! Dann sind das Begehren und die Liebe erloschen. Manche warten dann lange, bis sich die Lust (wieder) einstellt. Doch sie warten umsonst, denn wie Ulrich Clement in einem Artikel treffend beschreibt, sind Lust und Erotik eine Frage der Entscheidung. Die Hoffnung, die Lust in einer Beziehung zu erhalten, ohne sich darum zu kümmern, ist verständlich, aber nicht realistisch. Jeder Mensch und jedes Paar ist gefordert, dem erotischen, lustvollen Teil seiner Beziehung immer wieder Aufmerksamkeit zu schenken. Ist das Mindset einmal auf Lustlosigkeit geeicht und fühlt man sich dadurch als Opfer in der Begegnung oder gar als Opfer der Natur (Trieb), dann gibt man Verantwortung für seine Lust und für die Paarerotik ab. In beiden Fällen landet man früher oder später in einer Beziehungskrise.

Die moderne Sexualwissenschaft geht heute nicht mehr vom Triebmodell aus. Sie sagt, dass jeder Mensch ein individuelles sexuelles Profil hat. Es ist so einzigartig wie ein Fingerabdruck. Je mehr wir unsere Fantasien und Wünsche beschreiben können, desto deutlicher können wir unsere eigene sexuelle Persönlichkeit beziehungsweise unser eigenes sexuelles Profil entwickeln. Das ist eine Voraussetzung für guten Sex und eine gute Kommunikation mit unseren Sexualpartnern. Sexualität ist ein Prozess, der zu keiner Zeit abgeschlossen ist. Wie wir Sexualität und Lust erleben, ist bis ins hohe Alter gestalt- und veränderbar. Verlassen Sie also den Glaubenssatz, dass Sexualität einem Trieb folgt, der uns leitet, überwältigt oder ausbleibt.

Unsere Vorstellung von Sexualität ist auch oft von (überzogenen) Erwartungen und Tabus eingeschränkt. So können uns Gebote, Normen und Bilder über »richtiges« Verhalten und »richtiges« Begehren daran hindern, Situationen und Berührungen als sexuell, sinnlich und erregend zu empfinden. Unser interner Kontrollmechanismus wertet diese bereits vorab als zum Beispiel unmoralisch oder pervers ab. Denken reguliert unser Lusterleben, verändert hinderliche Überzeugungen und beeinflusst, ob wir uns erlauben, aus dem Vollen unseres sexuellen Potenzials zu schöpfen und befriedigende sexuelle Erfahrungen zu machen.

Rosie, eine 45-jährige Grafikerin, kommt in unsere Praxis, weil sie seit Jahren keine Lust auf Sex mit ihrer Freundin Gerda hat. Anfangs ist sie irritiert, als sie die für sie provokante These »Lust ist eine Entscheidung« hört. Nach einigen Sitzungen wird ihr bewusst, dass es in einem ersten Schritt an ihr liegt, sich für ihre Lust zu entscheiden. Erst dann wird es ihr möglich sein, diese bewusst zu gestalten. Nur sie weiß, was sie insgeheim vermisst oder was sie gern erleben will. Nur sie kann sich einen Raum schaffen, der ein prinzipielles »Ja« zur Sexualität formuliert. Als sie sich entscheidet, sich auf den Weg zu ihren authentischen Bedürfnissen zu machen, entdeckt sie bis dahin verborgene Bereiche. Sie gesteht sich ein, dass sie ihre dominanten Fantasien geheim hält und sich dafür vor ihrer Freundin schämt. Anstatt diese ihrer Partnerin zu zeigen und sich möglicherweise mit einer Zurückweisung von Gerda auseinanderzusetzen, hat sie sich in die passive Lustlosigkeit zurückgezogen. Vorerst ist sie so in ihrem Selbstwert sicherer, als einen Korb einzufangen, und schützt damit auch Gerda. In der Auseinandersetzung mit ihrer Lust wird sie nun nicht nur aktiver und selbstbewusster, sondern auch gelassener. Die Erforschung ihrer verborgenen Begierden und Fantasien verändert ihre Glaubenssätze, die sie bisher einschränken, und erweitert ihren Handlungs- und Erlebnisraum. Am Ende sucht Rosie das Gespräch mit Gerda und erzählt von ihren Fantasien. Gerda reagiert zu ihrer Verwunderung und Freude interessiert und aufgeregt. Sie beginnen langsam, mit diesen neuen Rollen zu spielen, und Gerda entdeckt erstaunt ihre devote Rolle.

Nicht immer geht es so aus. Es hätte sein können, dass auch Gerda insgeheim dominante Fantasien hat. Aber auch dann hätten die beiden mit einer sexpositiven Haltung etwas daraus machen können, was ihre Beziehung bereichert und nicht zerstört. Sie hätten zum Beispiel gemeinsam eine submissive Frau oder einen submissiven Mann suchen und ein Spiel zu dritt beginnen können. Vielleicht hätten sie sich aber auch zugestehen können, jede für sich auf die Jagd zu gehen, um sich danach von den Abenteuern zu erzählen. Vielleicht hätte Gerda weder mit submissiven noch mit dominanten Spielen sexuell etwas anfangen können. Dass sich Rosie ihrer Partnerin mitgeteilt und anvertraut hat, hätte aber auf jeden Fall einen Unterschied in ihrer Intimität gemacht und die Tür für Veränderung geöffnet. So wie Bettina und Georg haben sich auch Rosie und Gerda auf den Weg gemacht. Rosie hat ihre Annahme, dass Frauen, und schon gar nicht lesbische Frauen, dominant (eine Zuschreibung für Männer) sein dürfen, über Bord geworfen. Sie konnte dadurch Neues über sich erfahren, ohne die Beziehung zu gefährden.

Du bist anders? Wunderbar, ich auch!
Neugierig aufeinander sein

Indem wir unsere vielschichtigen Wünsche, Eigenarten und Bedürfnisse ernst nehmen, differenzieren wir uns bewusst von unserem Partner. Der Sexualtherapeut und Bestseller-Autor David Schnarch hat diese Dynamik in seinem Buch »Intimität und Verlangen – Sexuelle Leidenschaft in dauerhaften Beziehungen« ausführlich beschrieben. Für ihn ist es wesentlich zu lernen, dass wir diese Unterschiedlichkeit akzeptieren, ohne in negative Emotionen abzurutschen. Erst dadurch entwickeln wir sexuellen Selbstwert, ein erotisches Selbstbewusstsein und die Achtung vor uns selbst als eigenständige sexuelle Persönlichkeit. Das ist nicht nur die Voraussetzung, um uns selbst als begehrenswert zu erleben, sondern auch, um mit Verlustängsten besser umzugehen und sie bewusster zu regulieren.

Je intensiver wir uns mit unserem sexuellen Erleben auseinandersetzen und lernen, darüber zu sprechen, desto besser kann es gelingen, sich selbst treu zu bleiben. Wir erkennen unsere Vorlieben und Fantasien, aber auch unsere Abneigungen und Grenzen. Wenn wir von der Meinung des anderen abhängig sind, wenn wir ständig Bestätigung vom anderen brauchen, um uns sexy und wertvoll zu fühlen, wenn wir denken, ein Anrecht auf all das zu haben, dann entsteht emotionale Stagnation und Anspannung. Man lauert nur noch auf die nächste Zurückweisung, auf die nächste Abwertung. Jeder fühlt sich gedrängt und unwohl – und bald zieht man sich beleidigt zurück. Bald hat man eben keinen Sex mehr. Fremdbestimmte Intimität hat in längerfristigen Beziehungen nicht Bestand. Das heißt: Je selbstbewusster wir in uns ruhen, ganz allgemein und im Besonderen in unserem erotischen Selbstverständnis, desto mehr vertragen wir es auch, dass unser Partner anders ist als wir selbst. Es geht aber nicht ums Aushalten mit zusammengebissenen Zähnen, sondern es geht um Neugier. Die Differenz bedroht uns nicht, sondern sie bereichert, belebt und interessiert uns. Wir freuen uns darüber und lernen daraus. Bekommen wir diese Wertschätzung in Form von Neugierde oder Begierde nicht entgegengebracht, stürzt die Welt auch nicht ein. Das unangenehme Gefühl weicht Gelassenheit.

Ein differenzierter Mensch ist in seinem Wohlbefinden nicht davon abhängig, dass der andere ihn zu hundert Prozent gut findet. Im Idealfall sind beide Partner differenziert und verfallen weder in Unruhe noch in Selbst- und Fremdentwertung, sondern bleiben liebevoll in Kontakt und achten auf die eigenen Grenzen und die des anderen.

Die Angst zu überwinden, dass der andere anders ist, etwas anderes mag, andere Fantasien hat, vielleicht sogar etwas will, was einen selbst abschreckt, ist Teil einer sexpositiven Haltung. Die Belohnung dafür sind Respekt und Vertrauen, die weitaus größere Potenziale für intime Begegnungen beinhalten, als zu versuchen, die Unterschiede auszuklammern und sich anzupassen.

Üben, üben, üben: In die sexuelle Karriere investieren

In weiten Teilen dieses Buches geht es darum, wie Sie sich sexuelle Kompetenz aneignen können und sich für die Lust und Lustfähigkeit entscheiden. In diesem fragilen Prozess kann es immer wieder zu Irritationen oder sogar Störungen kommen. Doch auch in anderen Bereichen unseres Lebens sind wir bereit, zu investieren: Wir planen unsere Karriere, wir bilden uns weiter. Und wenn es einmal nicht so glatt läuft, organisieren wir uns ein Coaching, eine Therapie oder gehen auf ein Weiterbildungsseminar. Warum verhalten wir uns in der Sexualität so anders? Auch hier können Sie auf körperlicher und mentaler und Beziehungsebene üben. Lust und Sexualität aktiv zu gestalten, ist ein großartiges Gefühl der Selbstermächtigung.

Nicht meine Partnerin ist allein dafür verantwortlich, ob wir Sex haben und wie dieser gestaltet wird. Die Dynamik in vielen Paarkonflikten ist, dass sich beide wünschen, der andere möge sich ändern. Die angewendeten Strategien machen es noch schlimmer: Vorwürfe, Liebesentzug, Beleidigtsein und Abwertung. Ein bösartiger Zirkel beginnt und endet meist nicht von selbst. Auf der Beziehungsebene haben Sie Spielraum. Sie können sich entscheiden, wie sie mit ihrem Partner umgehen. Es ist ein Unterschied, ob Sie sich anlächeln, ein Kompliment machen, sich immer wieder liebevoll berühren oder sich mit Ignoranz bestrafen. Wenn Sie wollen, dass sich eine Situation verändert, liegt es an Ihnen, sie anders zu gestalten. Auch Verführungskompetenz spielt in diesen Prozessen eine Rolle. Wenn wir unsere Klienten fragen, wie sie ihre Verführungskompetenz auf einer Skala von 0 bis 10 (0 ist am wenigsten und 10 am meisten) einschätzen, geben viele 3 oder weniger an. Da ist noch Luft nach oben, antworten wir dann. Und auf einmal wissen alle, was damit gemeint ist. Verführung ist ein wesentliches Element in erotischen Begegnungen. In langjährigen Beziehungen reduziert sie sich oft auf Sätze wie »Ich geh schon mal duschen!« oder »Können wir endlich wieder einmal kuscheln?« oder schlicht auf einen schmachtenden Blick, während die Hand den Oberschenkel streichelt. Das ist für viele weder einladend noch verführerisch. Viele Menschen haben verlernt oder nie gelernt, erotische Situationen in ihrem Alltag zu gestalten.

Adam und Eugen sind in einem Selbsterfahrungsseminar für Paare. Es ist der erste Tag. Nach ein paar Aufwärm- und Kennenlernübungen bekommen sie eine Aufgabe mit folgender Anweisung: Adam soll eine Hand zur Faust ballen und Eugen soll sie öffnen. Wie werden sich beide verhalten? Adam ist anfangs unsicher. Er spürt, dass Eugen ungeduldig ist. Soll er die Faust öffnen, weil er Eugens Ungeduld nicht erträgt? Wird Eugen versuchen, die Faust mit Druck zu öffnen? Wie ist die Stimmung? Eugen ändert die Strategie, als er merkt, dass Adams Faust bei Druck nur noch fester geschlossen bleibt. Er sieht Adam in die Augen, beginnt zu lächeln und nimmt einen tiefen Atemzug. Mit einer Hand hält er Adams Handgelenk, mit der anderen streichelt er sanft über die zusammengekniffenen Finger. Ganz langsam. Dabei ruht sein Blick weiter auf Adam. Seine Bewegungen sind nicht fordernd, aber sicher und bestimmt. Adam weicht nun dem Blick verlegen aus. Wieder nimmt Eugen einen tiefen Atemzug und streichelt nun den Unterarm entlang. Als er wieder bei den Fingern angekommen ist, öffnet sich langsam die ganze Hand. Adam ist geschmolzen. Die beiden lächeln einander an und umarmen sich. Diese kleine Übung ist eine schöne Analogie zur Sexualität. Es ist ein großer Unterschied, ob wir etwas mit Druck oder Verführung erreichen wollen. Ob wir etwas machen, ohne es zu wollen, weil wir denken, der andere will das von uns. Ob wir etwas machen, weil wir der anderen Person eine Freude machen wollen. Oder weil wir einen Machtkampf starten und es absichtlich nicht machen – weil wir wissen, dass die andere Person sich das wünscht. Worin liegt der Unterschied, ob man aus seinem Wunsch eine Forderung macht, eine Verführung oder Bitte? Welche Strategien habe ich bisher im Leben erfolgreich eingesetzt, um etwas zu bekommen? Welche muss ich über Bord werfen, weil sie mich nicht dahin bringen, wo ich mich mit anderen wohl fühle oder wo andere sich mit mir wohl fühlen? Wie suche ich mir meinen

Platz in der Welt? Wie verhandle ich, was ich gemeinsam mit meinem Liebsten mache? Werde ich ungeduldig oder gar aggressiv, wenn ich etwas nicht (gleich) bekomme? Oder sehe ich das als lustvolle Herausforderung? Kann ich auch darauf verzichten? Kann ich warten, wenn mein Gegenüber mehr Zeit braucht als ich? Bei dieser kleinen Übung können wir beginnen, über Sexualität zu sprechen. Hier steckt schon sehr viel drin – und wir reden noch lange nicht über den genitalen Akt. Wir könnten anstatt der Faust auch Anus oder Vulva sagen. Wann sind sie bereit, sich zu öffnen?

Sie erinnern sich an Ihre Kindheit und Jugendtage? Als jede neugierige Frage zu Körper und Geschlecht rasch abgewürgt wurde? Von Geburt an gehört sexuelle Erregung zu uns, sie ist ein Teil unseres Menschseins. Auf allen Gebieten des menschlichen Lebens ist Lernen und Ausprobieren der Schlüssel für den Erwerb einer besonderen Kompetenz. Doch sexuelle Entwicklung wird in unserer Gesellschaft wenig wertschätzend begleitet und nicht gefördert. Im Biologieunterricht wird das Thema Sexualität meist im Zusammenhang mit Fortpflanzung und Erkrankungen behandelt. Während alle kognitiven und körperlichen Entwicklungen Unterstützung erfahren und gefördert werden, wird unsere Sexualität – das, was uns Menschen wesentlich prägt und unsere Identität mit formt – kaum beachtet. Im Gegenteil: Trotz vorgeblicher Toleranz und dem freien Umgang mit Sexualität wird der sexuellen Entwicklung kognitiv wie praktisch wenig Raum und Aufmerksamkeit geschenkt.

Als Erwachsener hat man es dann umso schwerer, sich zu outen, dass man eigentlich weniger weiß, als vorausgesetzt wird. Unter Erwachsenen scheint die Übereinkunft zu herrschen: Es besteht kein Aufklärungsbedarf. Das Motto lautet: Wir wissen Bescheid. Wir kennen unseren Körper und wir wissen, wie er funktioniert. Verführungskompetenz ist doch nicht so wichtig, wenn man geil ist. Viele geben vor, keine Zweifel zu haben, was Sex betrifft. Fragt man jedoch nach, dann zeigen sich bald Unsicherheit und Desinformation. Unwissenheit erzeugt falsche Annahmen, die das Erleben und Verhalten negativ beeinflussen. So wichtig Verführungskompetenz ist, wir müssen auch wissen, wie unsere Körper funktionieren und uns bewusst damit auseinandersetzen. Warum reagiert mein Körper nicht? Warum kann ich Sex nicht genießen, obwohl ich meine Partnerin liebe? Oft findet sich die Antwort darin, dass Erwachsene nicht wissen, wie ihre Geschlechtsorgane aufgebaut sind und wie Stimulation und Erregung physiologisch funktionieren.

Es gibt einen Unterschied im sexuellen Erleben, wenn Sie wissen, dass die Klitoris nicht nur aus der äußerlich sichtbaren Perle besteht, sondern aus zwei Schenkeln, die den ganzen Genitalbereich durchdringen. Wenn man sich dessen bewusst ist, kann man die Klitoris durch Massieren des gesamten Bereichs stimulieren. Es gibt einen Unterschied, wenn Sie wissen, dass es in der Vagina kaum Oberflächenrezeptoren gibt, sondern dass sie ein glatter Muskel ist, der auf Druck reagiert – weshalb Reibung (wie ein rasches »Reinraus«) beim Koitus für Frauen weniger erregend ist. Es gibt einen Unterschied, wenn Sie wissen, dass das Areal rund um die männliche Prostata mit sehr vielen Nervenzellen versorgt ist, die direkt mit dem Penis verbunden sind. Die Stimulation der Prostata kann orgasmusähnliche Körpergefühle hervorrufen oder überhaupt zum Orgasmus führen. Hier steckt ein großes sexuelles Potenzial.

Wenn Einzelpersonen oder Paare zu uns kommen, sind sie erstaunt, wie genau wir nachfragen, um herauszufinden, wie ihr Erregungsmodus ist und was sie über ihre Genitalien wissen. Wir arbeiten in der Praxis unter anderem mit dem körperorientierten Ansatz des Sexocorporel, den Jean-Yves Desjardins, ein Theologe und späterer Sexualforscher, in Montreal an der ersten sexologischen Fakultät 1968 entwickelt hat. Erst in den letzten 15 Jahren wurde diese Methode im deutschsprachigen Raum in der Schweiz vom Team am Zürcher Institut für klinische Sexologie und Sexualtherapie und in Österreich vom Institut für Sexualpädagogik und Sexualtherapie weiterentwickelt und in Ausbildungen verbreitet. Bei diesem Ansatz wird der Körper konkret zum Übungs- und Veränderungsfeld. Ziel der Arbeit mit dem Sexocorporel ist, das Wissen über den eigenen Körper mit dem Bewusstsein für die eigenen Empfindungen zu verknüpfen. Viele Klienten denken zum ersten Mal im Detail über Erregung und Orgasmus nach, wenn sie sich beim Sex oder beim Masturbieren selbst genau beobachten. Wir finden mit ihnen gemeinsam heraus, welchen Tonus ihr Körper hat (angespannt, entspannt), in welchem Rhythmus sie sich stimulieren (langsam, schnell, abwechselnd), wie ihre Atmung ist (flach, tief, immer wieder anhaltend) und welche Bewegungen (wenig, keine, wellenförmig, kreisend) sie mit dem Becken und dem ganzen Körper machen. Hier liegt viel Veränderungspotential. Das Spannende an diesem Ansatz ist, dass diese physiologische Seite der Sexualität unabhängig von der jeweiligen Beziehung neu gestaltet werden kann. Jeder kann auf der körperlichen Ebene allein üben. Viele sind verwundert, wie einfache Beckenboden- und Atemübungen das eigene Erleben positiv verändern.

Sexualität verändert sich nicht nur im Lauf einer Beziehung, sondern auch im Lauf eines Lebens. Weil sich alles ändert. Niemand geht in anderen Bereichen davon aus, dass alles gleichbleibt, etwa im Beruf oder in der persönlichen Weiterentwicklung. Wir können sexuell lernen. Wir wissen, dass es nicht einfach ist, authentische Sexualität und Intimität zu leben. Das ist nichts, was fertig vom Himmel fällt oder angeboren ist. Schon gar nicht bleibt das, was einmal (sehr) gut war, für immer bestehen. Dies merken viele Menschen schmerzlich, egal ob Männer oder Frauen, wenn sich der Körper in den Wechseljahren hormonell umzustellen beginnt. Dann sind wir gefragt, uns mit der neuen Situation auseinanderzusetzen und sind häufig auf uns allein gestellt. Sexualität im Alter ist nach wie vor ein großes Tabu. »Unappetitlich und unnötig« wird Sex in unserer Gesellschaft bewertet, der nicht mit Bildern von jungen Körpern und sexueller Potenz korrespondiert. Noch immer ist die landläufige Meinung, dass nach dem Wechsel die Lust verschwindet. Das stimmt aber nicht. Sie verschwindet nicht, sie verändert sich.

Der Schlüssel zu einer erfüllten Sexualität liegt im Aufspüren und Erforschen neuer Erfahrungen, die uns im wahrsten Sinne des Wortes emotional und körperlich befriedigen, egal wie alt man ist. Doch seien Sie geduldig. Um Sexualität neu erleben zu können, bedarf es vieler kleiner Schritte und es gibt dafür keine Patentlösung. Jeder Mensch reagiert einzigartig. Die Veränderung beginnt damit, dass Sie sich auf den Weg machen und sich einlassen.

Unser Körper erlernt alles durch Wiederholungen – Englischvokabeln, Akkorde, radfahren und den Orgasmus. Hirnphysiologisch ist es derselbe Vorgang. Es dauert eine Zeit, bis sich neue Nervenstränge und Synapsen gebildet haben, die das Belohn- und Lustzentrum aktivieren. Deshalb ist es in der Arbeit mit dem Körper besonders wichtig, die Klienten darauf hinzuweisen, dass sich der Prozess über Wochen und Monate erstrecken kann, bis man ein neues (erregendes) Gefühl erlebt. Besonders irritierend erleben es manche Menschen, wenn sie bei den ersten Übungen wenig spüren oder sogar negative Empfindungen erleben. Neues können wir jedoch erst wirklich begreifen, wenn durch Wiederholungen die neue Erfahrung in jeder Zelle unseres Körpers abgespeichert wird und der Körper gelernt hat, die Reize wahrzunehmen und sie mit positiven Emotionen zu verbinden.

Lernen ist auch ausprobieren. Das Prinzip von Versuch und Irrtum gilt auch für sexuelle Handlungen. Wenn eine bestimmte sexuelle Handlung nicht funktioniert, können wir eine andere versuchen. Das Spektrum und die Handlungsspielräume sind groß, wie wir Ihnen in diesem Buch zeigen. Sexuelles Lernen ist eine Entdeckungsreise, bei der wir alle vorgefertigten Meinungen und bisherigen Erfahrungen zur Seite stellen und uns ganz neu erleben können. Unser Körper verfügt über unterschiedliche Stimulanzpunkte und erotisierende Bereiche. Diese zu entdecken, erweitert das Potenzial der sexuellen Begegnung. Je mehr man über sich, über sein Geschlecht und seine Reaktionsverläufe (Erregungsmodi) weiß und unterschiedliche Berührungsqualitäten kennt, desto mehr persönliche Handlungsvarianten stehen offen. Wer unterschiedliche Möglichkeiten kennt, kann den ganzen Körper zum erotischen Spielfeld machen. Diese Erweiterung trägt wesentlich dazu bei, dass sich die Dauer und Intensität der sexuellen Begegnung verlängert.

Lust auf Sex entsteht durch Lust am Sex: Sich Vergnügen erlauben

Manche Menschen leben über Jahre eine Sexualität, die sie nicht befriedigt. Das setzt einen Teufelskreis in Gang: Ohne echte Befriedigung sinkt das Verlangen nach sexueller Begegnung, und ohne sexuelle Stimulation fehlt es an positiver Rückkopplung in den Lustarealen des Gehirns. Ein Verlangen nach Wiederholung stellt sich deshalb schwer oder kaum ein. Langfristig ist die Konsequenz Lustlosigkeit, weil der Körper die positiven Empfindungen, die Lust und Erregung auslösen, nicht mehr kennt. Lohnt sich der Aufwand? Das wird unbewusst zur Leitfrage, denn unser Hirn lässt sich nicht täuschen. Werden zu wenig Belohnungshormone ausgeschüttet, sinkt das Verlangen.

Doch das sexuelle Programm im Gehirn kann neu codiert werden. Die Grundvoraussetzung für ein befriedigendes Erleben von Sexualität ist die Fähigkeit, sexuelle Erregung zu spüren und sie wahrzunehmen. So schreibt die Sexualtherapeutin Angelika Eck treffend in ihrem Buch »Der erotische Raum – Fragen der weiblichen Sexualität in der Therapie«: »Der Körper ist darauf angewiesen, dass sein Wollen als solches beobachtet und goutiert wird. Umgekehrt ist das psychische sexuelle Wollen auf einen Körper angewiesen, der mitspielt.« Körper und Geist bilden eine Einheit. Das heißt, jeder Vorgang auf emotionaler und kognitiver Ebene hat seine Spiegelung im Körper. Das gilt auch umgekehrt: Eine neue Erfahrung an Berührung und sexueller Stimulation führt zu Veränderungen der Wahrnehmung und der Bewertung. Erst dann, wenn sexuelle Erregung mit einer (positiven) Wahrnehmung verbunden ist, fühlt man Lust.

Sie kennen sicher die Aussage, dass unser wichtigstes Sexualorgan unser Gehirn ist. Für die sexuelle Erregung sind neben den kognitiven und affektiven Reizen vor allem sensorische Reize verantwortlich. Der Arzt und Psychotherapeut Ingo Schymanski beschreibt in seinem Buch »Im Teufelskreis der Lust – Raus aus der Belohnungsfalle!« die Vorgänge im Gehirn leicht verständlich: Reize werden in den sensorischen Hirnarealen abgespeichert (man nennt das »psychomotorische Erregung«). Ihre Qualität und Intensität entsteht durch die Zuordnung zu Gefühlen und emotionalen Bewertungen (das ist die »psychovegetative Erregung«). Physiologisch werden dabei die Impulse im sensorischen Areal durch den Botenstoff Dopamin in das Lust- und Belohnungszentrum übertragen. Die Aktivierung des Nucleus accumbens – unser Lustzentrum im Gehirn – führt zur Ausschüttung des Belohnungsstoffs *gamma-Aminobutyric acid* (GABA). Dieser Botenstoff lässt unseren Körper in einen gelösten, entspannten und geborgenen Zustand sinken. Man fühlt sich selbstbewusst, sinnlich und ganz bei sich.

Jeder Reiz, der das Belohnungszentrum stimuliert, wird als angenehm und lustvoll empfunden. Deswegen führen Tätigkeiten und Stimulanzien, die das Lustzentrum erregen, stets dazu, die lustvermittelnde Handlung zu wiederholen. Sexuelles Begehren funktioniert durch den gleichen Mechanismus: Unsere Lust auf Sex entsteht durch die Lust am Sex. Ein positives sexuelles Erleben entsteht, wenn man die körperliche Erregung mit einer Wahrnehmung verbindet und sie in einen Erfahrungshorizont einordnen kann. Erst eine gespeicherte Bedeutung macht sie zu emotionalen Reizen. Dann erhält eine sexuelle Handlung eine Bewertung als befriedigend, anregend oder uninteressant und nicht erregend. Sexpositive Workshops bieten Möglichkeiten, Neues auszuprobieren. Das beschreiben wir in Kapitel 7 ausführlich. Workshops öffnen den Raum zum Forschen und Lernen. Weg von den alten Bildern über sich selbst (»So bin ich eben!«) hin zur überraschenden Erkenntnis: »Auch das kann ich sein!«

Guter Sex beginnt bei sich selbst: Die Selbstliebe zelebrieren

Ihre Sexualität erhält eine neue Dimension, wenn Sie sich bewusst damit auseinandersetzen, was Ihren Körper erotisiert und Ihre Lust steigert. Machen Sie sich auf die Suche nach Fantasien und Begehrlichkeiten. Suchen Sie bewusst Neues. Wenn Sie es versäumen, sich diese Fähigkeiten anzueignen, kann dies in sexueller Unzufriedenheit oder Langeweile enden. Der erste Schritt ist, dass Sie sich mit Ihren persönlichen Wünschen und Bedürfnissen und mit körperlichen Voraussetzungen auseinandersetzen. Dazu bedarf es Zeit, Wiederholung und der Möglichkeit, Varianten und Techniken zu üben.

Menschen, deren Sexualität nicht in die gesellschaftliche Norm passt, wird das Ausleben ihre Sexualität oftmals abgesprochen. Somit werden ihre Neigungen und Praktiken weitläufig tabuisiert. Die sexpositive Bewegung fördert die sexuelle Selbstermächtigung, indem das Erforschen der eigenen Sexualität und der Austausch mit anderen in den Szenen ein wichtiger Bestandteil ist. Menschen mit einer sexpositiven Haltung können also Vorbilder dafür sein, wie Sie sich mit ihrer Sexualität auseinandersetzen können. Menschen, die sich als sexpositiv verstehen, reflektieren ihr Verhalten und ihre Wünsche. Im Mittelpunkt dieser Reflexion stehen sie selbst. Sie fragen sich: Was fördert mich, was hindert mich? Sie setzten sich mit ihren Stärken und Schwächen in der Begegnung und Beziehung mit anderen Menschen auseinander. Und genau das ist der Schlüssel zur Veränderung – auch für Ihre Sexualität und Beziehung.

Als Klara, 28, zum ersten Mal in die Praxis kommt, wirkt sie sehr ruhig, beinahe schüchtern. Sie erzählt, dass sich ihre Zurückhaltung in der letzten Zeit zu einer Angst vor Menschen und im Besonderen Männern gegenüber entwickelt hat. Sie vermeidet es, auszugehen und reagiert auf keine Flirtangebote. Sie fühlt sich unsexy und lustlos und glaubt, dass »etwas nicht mit mir stimmt. Ich fühle mich überall unsicher, ich komme nie vor und werde nicht gesehen.« Die Anamnese-Stunden zeigen, dass Klara sich selbst nicht besonders liebt und schätzt. Kontrolle und Disziplin bei allem, was sie tut, sind die einzigen Konstanten. Sie ist sehr bedrückt, als sie erkennt, wie wenig Fürsorge sie für sich selbst in den letzten Jahren gelebt hat. So hat sie auch keine Verbindung zu ihrem Körper und ihrem Geschlecht. Körperliche Berührungen fühlen sich für sie immer als Übergriff an. Sie findet kaum passende Worte, wenn es darum geht, über ihren Körper zu sprechen. Sie fühlt sich von ihrem Körper richtiggehend getrennt.

Genau hier starten wir. Klaras Begleitung dauert einige Wochen, in denen sie lernt, sich bewusster zu spüren. Dies beginnt mit einer scheinbar einfachen Übung: Sie soll sich, nackt vor dem Spiegel stehend, ansehen. In jeder Stunde reden wir über ihre Gefühle und Gedanken, die dabei aufgekommen sind. Das Reden und Reflektieren darüber, was sie durch die Übungen über sich erfährt, bringen sie langsam in einen entspannteren Zustand. Sie nimmt nun auch wieder wahr, was sie an ihrem Körper mag. In den darauffolgenden Sitzungen sprechen wir über Masturbation. Im Tantra sagt man dazu »Selbstliebe«, und genau darum geht es auch bei Klara. Selbstliebe im doppelten Sinn des Wortes: ein liebevoller Umgang mit sich selbst und die Erfahrung, dass sie ihre Lust spürt. In den nächsten Wochen lernt sie, zu ihrem Körper und ihren Bedürfnissen zu stehen. Ihr wird bewusst, dass sie es selbst ist, die sie hindert, eine lustvolle Situation zu schaffen. An diesem Punkt entschließt sich Klara, die Beratung auszusetzen. Sie meint, sie hat viel über sich selbst erfahren, das möchte sie nun verarbeiten und in Begegnungen ausprobieren. Sie fühlt sich selbstsicherer und will genießen, was sie für sich erreicht hat. Klara ist am Beginn ihrer Reise zu sich selbst. Sie hat den ersten Schritt gemacht und erfahren, dass Lust eine Fähigkeit ist, die wir, wie alle anderen Fähigkeiten, im Lauf unseres Lebens erlernen können.

Wir Menschen werden als lustvolle Wesen geboren. Wenn wir jedoch nicht in die Erforschung unserer Lust investieren, verkümmert sie genauso wie etwa das Talent zu singen. Sexpositivität lehrt uns, dass wir liebenswürdig und schön sind, unabhängig davon, welchen Idealen wir entsprechen oder nicht entsprechen. Wenn wir uns einlassen, uns mit uns selbst auseinanderzusetzen, dann kommen wir Schritt für Schritt unserem Ich näher.

Zusammenfassend lässt sich sagen, dass der Schlüssel für eine erfüllte Sexualität und Beziehung im Aufspüren und Erforschen jener Erfahrungen liegt, die uns mentale, emotionale und körperliche Befriedigung bescheren. Versäumen wir es, uns diese Fähigkeiten aktiv anzueignen, endet dies oft in sexueller Unzufriedenheit. Lust und eine erfüllte Beziehung sind kein Zufall, sondern benötigen eine Auseinandersetzung mit persönlichen Wünschen, mit Bedürfnissen und einer aktiven, offenen Hinwendung zum Partner. In diesem Buch wollen wir aufzeigen, wie Sie hinderliche Festschreibungen auflösen und neue Ressourcen entstehen lassen können. Sie haben so mehr Freude an Ihrem erotischen Leben, verbessern dadurch Ihre Beziehung und vergrößern gleichzeitig Ihr persönliches Wachstum. Sie werden Akteurinnen und übernehmen Verantwortung für sich selbst. Dann bekommen Intimität und Beziehung eine ganz neue Dimension.

KAPITEL 2

War das schon immer so? Zur Geschichte von Sexualität und Beziehung

Wir alle haben eine Vorstellung von Sexualität und Beziehung. Aber ist dieses Verständnis für jeden von uns dasselbe? Und vor allem: War es schon immer dasselbe? Ein Blick zurück in unsere Geschichte sowie in andere Kulturen zeigt, dass unser Denken über Sexualität sich verändert. Es ist nicht starr, sondern hängt davon ab, was Religion und Staat erlauben, also was Institutionen als normal bewerten. Mit jeder dieser Definitionen werden Interessen verfolgt, egal in welche Richtung. Immer gilt: Das Verhältnis zwischen den Geschlechtern, zum eigenen Körper und zur eigenen Lust organisiert sich in einem gesellschaftlichen Kontext.

Die Definitionshoheit über »richtige« Beziehungsformen und »richtiges« sexuelles Verhalten steuert und verfestigt somit gesellschaftliche Machtverhältnisse. Unsere Geschichte zeigt dies eindrücklich. So gibt es in Europa erst seit dem späten 18. Jahrhundert die Idee, dass Ehen aus Liebe, Zuneigung und Begehren geschlossen werden. Bis dahin dienten Ehen dazu, Erbfolgen zu sichern, Machtverhältnisse und Herrschaftsansprüche zu stärken – und manchmal auch, um Kriege zu verhindern.

Der Blick zurück ist aufschlussreich. Wir können in diesem Buch nicht auf Details eingehen, wollen jedoch einige Beispiele zeigen, die den Wandel in unserer Gesellschaft verdeutlichen und einen völlig anderen gesellschaftlichen Umgang mit Sexualität und Beziehungsformen in anderen Kulturen illustrieren.

Von der 68er-Bewegung über die Frauenbewegung zur sexpositiven Bewegung

In den letzten Jahrzehnten des 20. Jahrhunderts veränderten zwei Bewegungen unsere Gesellschaft nachhaltig. Die eine, subsumiert unter dem Begriff der »68er«, befreite die Menschen von der Macht der institutionalisierten, kirchlichen und staatlichen Moralvorstellungen. In der zweiten Frauenbewegung der 1960er-Jahre wehrten sich die Frauen gegen die Dominanz der patriarchalen Kultur und ebneten dadurch die Veränderung hin zu einer egalitären Neuorientierung. Politische und kulturelle, sexuelle und soziale Gleichheit wurden zu neuen Werten, die nicht nur für Frauen erkämpft wurden, sondern auch in der Menschenrechtsbewegung eingefordert wurden. Die 68er-Bewegung, der Feminismus und die Menschenrechtsbewegung waren entscheidende Antreiber für einen Aufbruch in eine offene und selbstbestimmte Gesellschaft.

Heiß her ging es zu allen Zeiten der Frauenrechtsbewegung. Die erste Frauenbewegung Mitte des 19. bis Anfang des 20. Jahrhunderts forderte etwa das Frauenwahlrecht sowie das Recht auf Erwerbstätigkeit und Bildung. Die zweite Frauenbewegung richtete sich auf die sexuelle Selbstbestimmung der Frauen. Das reichte von der Forderung, einen Tatbestand der Vergewaltigung in der Ehe zu verankern, bis hin zum Recht auf straffreie Abtreibung. Die zweite Frauenbewegung zeigte die Ungleichheiten auf, denen Frauen in Bildung, Beruf und in den Familien ausgesetzt waren. Mit dem Slogan »Das Private ist politisch« zeigten die Frauen in allen gesellschaftlichen Ebenen, dass sie durch bestehende Strukturen gehindert wurden, ein selbstbestimmtes Leben zu führen. Die Frauen wehrten sich gegen die patriarchale Definition, wie Frauen zu sein hätten und wie sie leben sollten.

Betrachten wir etwa die Aspekte Schönheit und Fürsorge: Von klein auf wird Frauen vermittelt, dass diese beiden Eigenschaften zum Frausein dazugehören. Dies hat enorme Auswirkungen auf die Weise, wie Frauen ihre Sexualität leben. Wenn es nur eine Norm gibt, die besagt, wann eine Frau schön ist, bleibt Frauen, die dieser Norm nicht entsprechen wollen oder können, der Rückzug oder die Anpassung. Psychische Probleme wie Essstörungen sind die Folge. Frauen sind fürsorglicher als Männer, weil sie so erzogen sind. Das wirkt sich auch in der Sexualität aus. Die passive Rolle ist für viele Frauen normal. Sie geben und verhalten sich so, wie es von ihnen erwartet wird. Sie dienen dem Mann und sind quasi Gefäß für seine Lust. Lustlosigkeit ist häufig die Folge, denn der Körper reagiert rascher darauf, was keine Lust bereitet, als sich die Frauen zugestehen wollen.

Der zweiten Frauenbewegung gelang es, einen positiven Zugang zum Körper und zur Sexualität der Frau zurückzuerobern. Einen wesentlichen Beitrag lieferten dazu Medizinerinnen, Soziologinnen und Historikerinnen, die neue Blickwinkel in die vorherrschende Geschichtsschreibung einbrachten. Frauen wurden in allen Bereichen sichtbar gemacht. Diese Vorbilder stärkten die Frauen. Sie führten zu mehr Selbstbewusstsein und ermutigten sie, neue Lebensentwürfe für sich zu suchen.

Wir erleben in unseren Beratungen häufig, dass nicht nur Frauen unter den zugeschriebenen Rollen leiden. Wenig überraschend stehen auch Männer unter dem Leistungsdruck, das zu erfüllen, was von ihnen erwartet wird: Sei potent, aktiv, selbstbewusst, zielorientiert und dominant. Männer, die Intimität erleben wollen, die der eigenen Lust und der ihrer Partnerin gleichrangige Bedeutung zumessen, fallen aus der Rolle. Da es noch immer wenige andere Vorbilder gibt und das Männerbild weiterhin sehr einseitig dargestellt wird, fühlen sich diese Männer »falsch« und nicht »männlich« genug. Männer wie Frauen scheitern sehr oft an den überhöhten und normierten Bildern, wie sie sein sollen. Peter Gehring vom Zürcher Institut für klinische Sexologie und Sexualtherapie in der Schweiz stellt diese Problematik der Männer in seinem Beitrag »Erektionsstörung – erektile Dysfunktion« aus entwicklungspsychologischen und soziologischen Blickpunkten sehr anschaulich dar.

Was ist das Neue an der sexpositiven Bewegung?

Oft werden wir gefragt, was denn das Neue an der sexpositiven Bewegung sei. »Das hat es doch alles bereits gegeben. Die 68er-Bewegung und die Frauenbewegung haben doch unsere Gesellschaft sexuell befreit«, wird argumentiert. Das stimmt. Aber nur zu einem Teil. Die 68er-Bewegung war vor allem das Aufbegehren der Männer gegen ihre Väter. Sie wehrten sich gegen die konservative und prüde bürgerliche Sexualmoral der Nachkriegszeit. Der Kern der Revolution lässt sich einfach benennen: Die Ehe verlor endgültig und offiziell ihr Monopol, Sexualität zu legitimieren. Freiheit war das Wort der Stunde. In Bezug auf die Sexualität bedeutete dies, dass sie leichter, unbeschwerter und zugänglicher wurde. Für Männer. In der Debatte der 68er-Bewegung wurden die weibliche Sexualität und das weibliche Begehren zur »Frauenfrage« und nicht als wesentlich für eine gesamtgesellschaftliche Veränderung gesehen. Diese Veränderung setzten sich die Frauen in der zweiten Frauenbewegung zum Ziel. Die Geschlechterrollen wurden infrage gestellt und die Frauen kämpften für ihre Selbstbestimmung. Die Doppelmoral, die Männern mehr Freizügigkeit und Macht gab, wurde thematisiert und bekämpft.

Dennoch blieben beide Bewegungen in der Vorstellung, dass es nur zwei Geschlechter gibt. Begehren, Lust, Liebe und Partnerschaft wurden für Mann und Frau neu verhandelt.

Nun, seit Beginn der 2000er-Jahre, werden durch die sexpositive Bewegung verstärkt Menschen sichtbar, deren sexuelle Identität, sexuelle Orientierung oder deren Geschlecht nicht in diese einengende Polarität passt. Genderqueer-, Transgender- und Intersex-Personen zeigen sich und fordern, gestärkt durch die sexpositive Bewegung, gleiche sexuelle Optionen, Rechte und einen sichtbaren Platz in der Gesellschaft ein. Mit dem Werk »Das Unbehagen der Geschlechter« der Philosophin Judith Butler ist die Debatte auch in akademischen Kreisen angekommen. Heute gilt Butler als eine der Begründerinnen der Queer-Theory. Untermauerte die Philosophin und Literatin Simone de Beauvoir in ihrem bahnbrechenden Buch »Das andere Geschlecht« (1949) mit dem Satz »Man kommt nicht als Frau zur Welt, man wird es« (Gender) noch die Zweigeschlechtlichkeit, so fordert Butler die Auflösung dieser »heterosexuellen Matrix«, welche von zwei natürlichen Geschlechtern, Mann und Frau, ausgeht. Butler stellt die Bipolarität (Mann/Frau) zur Diskussion und verlangt, dass auch in Bezug auf das biologische Geschlecht (Sex) die vorherrschende Heteronormativität fallen muss. Ihre Theorie schließt daher Lesben, Schwule, Bisexuelle, Transgender, Cross-Dresser oder Non-Gender ein.

Das Ideal der 68er-Bewegung war die Befreiung von allen Zwängen, um die Fesseln abzulegen und sich der Lust hinzugeben. Werke von Wilhelm Reich, Herbert Marcuse und Erich Fromm inspirierten die Protagonistinnen der Bewegung. Sie dachten, wenn sie die sexuellen Zwänge und die Prüderie der 50er-Jahre hinter sich lassen, würde dies automatisch zum Aufbruch in eine neue, gerechte und friedliche Welt führen. Heute wissen wir, dass dieser Wunsch nicht Wirklichkeit geworden ist. Warum? Die Vertreter der 68er-Bewegung mystifizierten das Sexuelle zu einer transformativen Kraft, die allein die alte gesellschaftliche Ordnung zum Einsturz bringen könnte. Diese Mystifizierung machte die 68er-Bewegung auf einem Auge blind und duldete keine kritische Auseinandersetzung. Die fehlende Reflexion endete oft tragisch und in Sackgassen. Das kann man etwa anhand der Geschichten der Bhagwan-Bewegung in Indien und den USA oder der von Otto Muehl gegründeten Kommune in Österreich schmerzvoll nachvollziehen. Sie brachten sexuellen Missbrauch, Freiheitsentzug und finanzielle Ausbeutung der Mitglieder hervor.

In der sexpositiven Bewegung steht ein bejahender, lustvoller Zugang zum eigenen Körper und zur eigenen Sexualität an oberster Stelle. Auf den ersten Blick scheint dies der 68er-Bewegung und der Frauenbewegung ähnlich. Die 68er-Bewegung verstand aber unter »sexueller Befreiung« vordergründig jene der Männer. Die Frauenbewegung brachte zwar die Ungleichheit zwischen Männern und Frauen in die gesellschaftliche Debatte ein, schenkte jedoch jenen Menschen wenig Aufmerksamkeit, die nicht in das zweigeschlechtliche Schema passten oder ihre Sexualität außerhalb des augenscheinlich »Normalen« leben wollten. Die sexpositive Bewegung dagegen lässt jeden Menschen in seiner sexuellen und erotischen Einzigartigkeit sichtbar werden. Ein Ziel der sexpositiven Bewegung ist es, den Finger immer wieder auf Ungleichheiten zu legen, diese zu benennen und Ideen und Konzepte zur Verfügung zu stellen, um sie aufzulösen. Ob homosexuell, mit Beeinträchtigung oder genderfluid: Alle Menschen sollen sich in ihrem (sexuellen) Körper sicher fühlen können. Die sexpositive Bewegung reagiert also darauf, dass noch immer sexuelle Missverhältnisse bestehen. Oder können Sie sich vorstellen, dass ein männlicher, gebildeter, heterosexueller Europäer ähnliche Hindernisse beim Ausleben seiner Sexualität erlebt wie eine lesbische Afroamerikanerin, die im Rollstuhl sitzt?

Mehr als eins: Monogamie ist kein Naturgesetz

Immer mehr Menschen entscheiden sich bewusst für offene Beziehungsformen. Das ist verstärkt in den letzten zehn Jahren zu beobachten. Sie sind mit vielen Vorurteilen konfrontiert, vor allem damit, dass ihr Verhalten nicht konform mit der menschlichen genetischen Veranlagung ist. Was wie eine Trenderscheinung wirkt, ist keineswegs neu und im Grunde evolutionär begründet, so meinen zumindest Christopher Ryan und Cacilda Jetha in ihrem 2016 auf Deutsch erschienen Buch »Sex – Die wahre Geschichte«. Die Autorinnen untersuchen darin wissenschaftlich die prähistorischen Wurzeln der Menschheit in Bezug auf das Sexual- und Paarungsverhalten. Sie treten damit an, das Standardnarrativ über Ehe und Beziehung zu widerlegen. Ihre Konklusion: Monogamie ist kein Naturgesetz, sondern hat sich aus religiösen und gesellschaftlichen Werten entwickelt. Folgt man ihren Thesen, dann war es zu Beginn der Menschheitsgeschichte ganz normal, Sex, Intimität und Beziehungen mit mehreren Menschen zu teilen. Das hing damit zusammen, dass unsere frühesten Vorfahren – die Gesellschaft der nomadischen Jäger und Sammler – auf das Prinzip des Teilens angewiesen waren. Niemand hatte Besitz, niemand konnte langfristig planen. Das Überleben hing vom Jagdglück ab und davon, was die Natur gerade hergab. Die Menschen lebten in einem Stammesgefüge, in dem alle aufeinander angewiesen waren. Das Teilen dehnte sich auch auf soziale Beziehungen aus. Fürsorge, Kindererziehung, Partnerschaft und Sex waren nicht Sache eines einzelnen Paares, sondern der gesamten Gemeinschaft. Denn teilen stärkte den sozialen Zusammenhalt und sicherte somit das Überleben. Überlappende sexuelle Beziehungen waren von Vorteil, da durch den Sex ein wichtiges und dauerhaftes Netz aus Zuneigung, Zugehörigkeit und gegenseitiger Verpflichtung entstand. Mit der beginnenden Sesshaftigkeit und dem Entstehen von Besitz und Eigentum entwickelten sich familiäre monogame Strukturen, wie wir sie heute kennen. Diese Geschlossenheit sicherte die Kontrolle über die Fortpflanzung und Erbfolge. Wenn eine Frau ein Kind bekommt, kann sie sich sicher sein, dass es von ihr ist. Der Mann jedoch hat diese Gewissheit nur, wenn er weiß, dass seine Frau ihm treu ist. An dieser Stelle beginnt die bis heute andauernde Unterdrückungsstrategie der weiblichen Sexualität. Frauen wurden pathologisiert und kriminalisiert, wenn sie ihre Sexualität unabhängig auslebten. Die Thesen des Buches wurden kontroversiell diskutiert. Wir meinen, die Autorinnen setzen damit ein Plädoyer, immer zu hinterfragen, was uns »natürlich« erscheint. Sie tragen mit diesem Buch dazu bei, einen neuen Blick auf Beziehung und Sexualverhalten zu wagen.

Auch heute noch denken viele Frauen, dass es natürlich ist, dass sie eine schwächere Libido als Männer haben. Meredith Chivers, eine kanadische klinische Psychologin und Sexologin, zeigte 2005 in ihrer Studie »A Sex Difference in the Specifictiy of Sexual Arousal«, dass es sogar so weit gehen kann, dass Frauen ihre Erregung nicht bewusst wahrnehmen, obwohl sie genital (durch Messungen belegt) erregt sind. Nach dem Motto: Es kann nicht sein, was nicht sein darf.

Mehr als zwei: Die neuen Geschlechter

Die LGBTIQ-Community (Lesbian-Gay-Bisexual-Tansgender-Intersexual-Queer) ist seit den frühen 2000er-Jahren ein aktiver Bestandteil der sexpositiven Bewegung. Menschen, die sich als intersexuell (sowohl männliche als auch weibliche Geschlechtsmerkmale), genderfluid (keinem Geschlecht zugehörig) oder als transgender (mit einem anderen Geschlecht als dem biologischen) identifizieren, erregen in der breiten

48

Öffentlichkeit immer noch Aufsehen. Ihnen wird vorgehalten, dass sie in keine natürliche Ordnung passen, sie sich in Szene setzen, nach Aufmerksamkeit heischen und ihre sexuelle Identität und Orientierung als Vehikel zur Inszenierung nutzen.

Der Blick in andere Zeiten und Kulturen zeigt, dass es Menschen allzeit und überall gibt und gab, die nicht in das binäre (Mann/Frau) Schema passen. Im Gegensatz zu unserem europäischen Umgang werden diese Menschen in anderen Kulturen nicht immer marginalisiert und aus dem gesellschaftlichen Leben ausgeschlossen. In vielen Gesellschaften und über den Erdball verteilt leben Menschen mit einem dritten Geschlecht oder fluid mit mehreren Geschlechtsausprägungen als anerkannter Teil der Gemeinschaft. In den indigenen amerikanischen Gemeinschaften wurden und werden Menschen, die sowohl weibliche als auch männliche Geschlechtsmerkmale haben, als »Two-Spirit-People« (»Menschen mit zwei Geistern«) bezeichnet. Diese Menschen werden geschätzt und geehrt. Ihnen wird Weisheit und emotionale Größe zugeschrieben, um in der Gemeinschaft zu vermitteln. Sie sorgen auch für einen respektvollen Umgang mit der Natur und den Ressourcen. Ein ähnliches Verständnis von Trans- oder Queer-Menschen findet man auch in Hawaii, Madagaskar und in vielen Teilen Asiens. Aktuell tauchen in YouTube-Dokumentationen viele Beiträge zu den »Hijra« in Indien auf. Indien, ein Land, das brutal gegen jede sexuelle Freiheit und Selbstbestimmung der Frauen vorgeht, gewährt Transgender-Personen in einer besonderen Form Sicherheit. So setzt das Land eine alte Tradition fort, in der diese Personen als Heilige verehrt werden. Die amerikanische Sozialpsychologin Kelly Neff beschreibt dies eindrücklich in Ihrem Buch »Sex Positive – Redefinding our Attitudes to Love and Sex«.

Non-binäre oder transsexuelle Menschen in der sexpositiven Bewegung inszenieren sich nicht, sondern stehen laut für ihre Rechte ein. Sie fordern die gesellschaftliche Anerkennung und rechtliche Gleichstellung in allen Lebensbereichen und kämpfen gegen jede Art der Diskriminierung aufgrund ihrer Geschlechtsidentität.

Gemeinsam leben: Die neuen Familien

Der Blick auf demografische Daten der letzten Jahrzehnte zeigt deutliche Veränderungen in den Beziehungsmustern von Männern und Frauen. Die Heiratsneigung nimmt ab. Die Scheidungsrate nimmt zu. Die Paare haben weniger oder uneheliche Kinder oder leben in Patchworkfamilien. Sogenannte Regenbogenfamilien, in denen gleichgeschlechtliche Paare oder Paare mit einem transgeschlechtlichen Partner Kinder haben und großziehen, entstehen. Dabei handelt es sich um globale Prozesse in allen westlichen Industriegesellschaften. Wir sehen: Nachdem die Ehe durch die Umbrüche der 68er-Bewegung ihr sexuelles Monopol verloren hat, verliert sie in den letzten Jahrzehnten des 20. Jahrhunderts auch das Monopol auf heterosexuelle Beziehung und Familie.

Durch fortschrittliche Gesetze und auch durch die Entwicklung der Antibabypille wurde der geschlechtsgebundenen Ungleichheit zwischen Frauen und Männern in der Verteilung von Arbeit, Einkommen, Einfluss und Aufgaben Grenzen gesetzt. Die gegenseitige Abhängigkeit von Versorgungsleistungen nahm deutlich ab. Frauen waren nicht mehr ökonomisch auf Männer angewiesen, und Männer mussten sich alltagspraktisch fit machen, da Frauen nicht automatisch diese Rollen übernahmen. Väter mit Tragetüchern, auf Spielplätzen und in Kindergärten wurden mehr, der Anspruch auf Elternteilzeit und Elternkarenz wurden gesetzlich auch für Männer verankert.

Die Forderung der Frauenbewegung nach »Halbe-

halbe«, also einer gerechten Aufteilung für die Familienverantwortung, bewirkte eine Veränderung in der Position der Frauen am Arbeitsmarkt und leitete die geforderte ökonomische Unabhängigkeit für Frauen ein.

Liebe um ihrer selbst willen: Die pure Beziehung

Die Entflechtung der Beziehung von ökonomischer Abhängigkeit und Geschlechterrollen brachte nicht nur eine Veränderung in den Familien, sondern auch eine neue Beziehungsform hervor: die reine Beziehung. Diese hat Anthony Giddens, ein englischer Soziologe, in seinem Buch »Wandel der Intimität – Sexualität, Liebe und Erotik in modernen Gesellschaften« 1993 zum ersten Mal beschrieben. Die reine Beziehung wird nicht durch materielle Grundlagen gestützt, sondern um ihrer selbst willen eingegangen. Sie besteht deshalb auch nur so lange, wie beide Partner sich darin wohlfühlen. Der Kern der reinen Beziehung ist Nähe, Austausch, Offenheit, Verständnis, sich gesehen und gemeint fühlen. Sexualität ist das Medium. Durch sie wird die Intimität hergestellt und aufrechterhalten.

Wenn Rollen und Funktionen nicht mehr identitätsstiftend sind, dann bekommen Intimität, Beziehung und Sexualität eine neue Bedeutung. Reine Beziehungen bestehen, solange sie emotional und sexuell als befriedigend erlebt werden. Das ist ihr Wesen. Diese Beziehungen benötigen einen ständigen Prozess des Aushandelns und Nachfragens, denn sowohl unsere Gefühle als auch unsere Sexualität sind sich ständig verändernde Zustände, die sich nicht durch eine Abmachung fixieren lassen.

Zusammenfassend lässt sich sagen: Was wir unter Sexualität und Beziehung verstehen, unterliegt einem stetigen Wandel. Was wir als richtig und normal empfinden, hängt vom gesellschaftlichen Interesse ab. Bereits dieser kurze fragmentarische Rückblick zeigt, wie vielfältig diese Veränderungen sein können.

Tauchen Sie nun tiefer mit uns in die sexpositive Welt ein. Sie ist eine junge Bewegung und im deutschsprachigen Raum noch recht unbekannt. Sie zeigt einen neuen Weg, wie wir mit den Themen Intimität und Beziehung anders umgehen können. Im nachfolgenden Kapitel stellen wir die sexpositive Bewegung vor. Wir beschreiben ihre Grundlagen und ihre Ziele. In der sexpositiven Bewegung geht es vor allem um eine neue Haltung zu Sexualität. Die sexpositive Bewegung steht für die sexuelle Inklusion und Offenheit gegenüber allen Menschen, sie fördert die Neugier und Lust an der eigenen Sexualität und bietet viele innovative Möglichkeiten, sich sexuell neu zu entdecken.

KAPITEL 3

Intimität und Beziehung reloaded: Was die sexpositive Bewegung will

Bereits in den 80er-Jahren des 20. Jahrhunderts verwendeten einige Vertreterinnen der feministischen Bewegung in Deutschland den Begriff »sexpositiv«. Sie bildeten damit den Gegenpol zur Kampagne der bekannten Feministin Alice Schwarzer, die ein Anti-Porno-Gesetz (PorNo) forderte, weil sie Pornografie per se als frauenfeindlich begriff. Die sexpositiven Aktivistinnen wollten nicht lust-, sex- und pornofeindlich sein, sondern eine sexpositive Haltung gegenüber der Pornografie einnehmen. Sie förderten Alternativen wie feministische Pornos, sexpositive Bildung und Aufklärungsarbeit. Wegweisend dahin war der 2009 von der sexpositiven Kommunikationswissenschaftlerin und feministischen Aktivistin Laura Merrit ins Leben gerufene »PorYes Award« – sozusagen das feministische Gütesiegel pornografischer Filme. Der Award setzt sich für feministische Kriterien in der Pornografie ein und ehrt die Darstellungen von Sexualität, die eine Verhandlungsmoral ebenso widerspiegeln wie das Zeigen von Lust und Erregung aller Geschlechter. Nicht nur die Inhalte werden feministisch beurteilt, der »PorYes Award« achtet auch auf eine faire Produktion, was nach wie vor keine Selbstverständlichkeit bei konventionellen Pornofilmproduktionen ist.

Den Beginn der sexpositiven Bewegung ist nicht eindeutig festzumachen. Vergleichbar mit anderen Basisbewegungen (»grassroots movement«) versammelt die sexpositive Bewegung Erfahrungen, Gedanken und Ideen sowie Forderungen aus unterschiedlichen Szenen und von vielen Menschen auf der ganzen Welt, die nicht alle zeitgleich entstanden sind. In Amerika verwendete das »Center for Sex and Culture« in San Francisco (das physisch nicht mehr existiert) und das »Center for Sex Positive Culture« in Seattle in den späten 1990er-Jahren den Begriff »sexpositiv« in seinen Selbstbeschreibungen. Von hier aus wurde der Begriff von Menschen und Organisationen anderer Länder aufgenommen, die sich mit den Themen emanzipierte Sexualität, Geschlechtsidentität und unterschiedliche sexuelle Praktiken beschäftigen.

Die sexpositive Bewegung hat keine Form, die zentral oder von oben bestimmt wird. Sie entwickelt sich horizontal, parallel und in Netzwerken. Daher gibt es keine einheitliche Normierung des Begriffs. Drei Aspekte finden sich jedoch in allen Definitionen: eine bejahende positive Haltung gegenüber Sexualität, das ungeteilte Recht jedes Menschen auf sexuelle Selbstbestimmung und Respekt gegenüber allen Menschen in ihrem sexuellen Sein. Das pluralistische Nebeneinander der sexpositiven Bewegung fördert so die Auseinandersetzung auf vielen unterschiedlichen Ebenen. Sie ist bunt und vielfältig und bietet ein Dach für verschiedenartige sexuelle Ausrichtungen, Lebensformen und Geschlechtsidentitäten.

Die sexpositive Bewegung hat sich seit ihren Anfängen weiterentwickelt. So gibt es seit 2018 eine Vernetzungsplattform für Europa, die »Sex-positive Community Europe«, welche die Diversität von Sexpositivität auf ihrer Website zusammenführt. Die Plattform versteht sich als Informationsdrehscheibe. Einerseits will sie einen niederschwelligen Einstieg und Überblick über die sexpositiven Szenen und Veranstaltungen in den einzelnen Regionen und Städten bieten. Andererseits will sie jene, die im sexpositiven Umfeld arbeiten (Aktivistinnen, Workshopleiter, Veranstalterinnen, Therapeuten etc.) miteinander vernetzen. Der gemeinnützige Verein »Sex-positive Europe« stellt Ressourcen und Informationen in Form von Open-Source-Materialen zur Verfügung, damit alle Interessierten eigene sexpositive Communities und Events aufbauen können. Die noch im Aufbau befindliche Plattform verdeutlicht, dass sich viele junge Menschen mit dem Thema Sexpositivität auseinandersetzen. Sie arbeiten daran, Öffentlichkeit für die Anliegen der sexpositiven Bewegung herzustellen, voneinander zu lernen und die sexpositive Haltung weiterzuentwickeln.

Die sexpositive Bewegung verändert sich ständig. Die Botschaften werden ausdifferenzierter und auf eine breitere Basis gestellt. Sexpositive Inhalte und Haltungen sind in die Gesundheitsversorgung, in sexuelle Aufklärungsarbeit, in Sozial- und Sexualforschung, in die feministische Forschung, in die Sexual- und Paartherapie sowie Sexualberatung, in die klinische Sexologie, in die achtsamkeitsbasierte Körperarbeit und in die Genderforschung vorgedrungen.

Die sexpositive Bewegung setzt sich aus vielen Szenen zusammen. Egal in welcher Szene: Sexpositive Menschen denken innovativ über Sexualität, Körper und Beziehungen nach. Sie sind die Avantgarde und eine kreative Speerspitze für eine neue Haltung zu Intimität und Beziehung.

Zur sexpositiven Bewegung zählen sich Teile der folgenden Szenen:

- Kink: Fetisch, BDSM (Bondage-Dominant-Submissive-Sadistisch-Masochistisch)
- Spirituelle Ausrichtungen: Tantra, SlowSex
- LGBTIQ: Lesbian-Gay-Bisexual-Transgender-Intersexual-Queer
- Menschen mit körperlichen und geistigen Beeinträchtigungen
- Asexuell lebende Menschen
- Menschen, die in nicht-monogamen Beziehungen leben

- Politisch aktive Sexworkerinnen
- Alternative Pornoproduzenten
- Sexpositive Feministinnen

Menschen mit einer sexpositiven Haltung wollen sich nicht mehr hinter gesellschaftlichen Vorgaben verstecken (müssen). Sie wehren sich dagegen, dass ihnen ihre Sexualität abgesprochen wird, sie abgewertet oder lächerlich gemacht wird. Zu lange wurden viele von ihnen pathologisiert, diffamiert und diskriminiert. Die sexpositive Bewegung bietet eine übergeordnete Gemeinschaft für jene Menschen, die das vorherrschende Bild der Gesellschaft von Sexualität und Beziehung infrage stellen oder erweitern. Niemand soll sich mehr für die Art und Weise, wie Intimität und Beziehung gelebt wird, schämen oder verstecken müssen.

Ein eindeutiges Ja: Positiver Zugang zur Sexualität

In der sexpositiven Bewegung wird Sexualität als natürlicher und wesentlicher Bestandteil des Lebens willkommen geheißen. Sexualität ist Lebensenergie, Lebensfreude, bereitet Vergnügen und trägt zu einem gesunden und erfüllten Leben bei. Sexualität gibt uns Lebenskraft und lässt uns als Mensch ganz werden.

»Sexpositiv« ist kein Synonym für Geilheit, ungehemmten Sex, für wilde Abenteuer und ausschweifende Praktiken außerhalb des Mainstreams. Das kann zwar für manche so sein, für andere manifestiert sich Sex jedoch meditativ, zart und spirituell oder ist zum Beispiel eine probate Möglichkeit der Stressbewältigung. Sexpositivität will sich also von jeglichem Dogma, wie und was genau Sex ist, wie oft, warum und mit wem man ihn erlebt, befreien. Sexpositiv steht nicht für eine konsumistische, glorifizierende Haltung, in der Sex immer und überall zur Verfügung steht und ohne Bewusstsein praktiziert wird. Es definiert Sex auch nicht in der einschränkenden Weise, wie sie nach wie vor der Mehrheitsmeinung entspricht. Denn fragen wir in unserer Praxis unsere Klienten, was Sex ist, hören wir oft: Sex ist Geschlechtsverkehr, wenn möglich verbunden mit einem Orgasmus, mindestens aber handelt es sich dabei um genitale Berührungen.

Sexpositiv erweitert die Vorstellung davon, was Sex ist, radikal. Sexpositiv sieht Sex hedonistisch. Es geht um jede Form von Genuss miteinander oder mit sich selbst: Haut an Haut, in Gedanken, schreibend, berührend, erregend, massierend, umarmend, spielend, erforschend und inszenierend. Alles kann sexuell sein, wenn man es will, wenn man es miteinander aushandelt und wenn man es genießt – wie auch immer Genuss definiert ist. Geschlechtsverkehr ist dabei eine Möglichkeit unter vielen.

Sexpositive Menschen eint die Freude an der eigenen Sexualität. Sie setzen sich bewusst und reflektierend mit sich als sexuelles Wesen auseinander. Die Ausgestaltung, wie Lust erlebt und genossen werden kann, ist so unterschiedlich, wie die Menschen es sind, die das tun. So paradox es klingt: Auch asexuell lebende Menschen sind Teil der sexpositiven Bewegung, weil jedes »man sollte« oder »man müsste« diametral zu einer sexpositiven Haltung steht. Wenn sich Menschen entscheiden, in Phasen oder für immer ohne Sex zu leben, ist das genauso in Ordnung, wie wenn jemand promiskuitiv mehrmals die Woche Sex mit Fremden hat oder mit Sexualität spirituelle Erfahrungen verbindet.

Alles ganz normal: Sex aus der Tabuzone holen

In der sexpositiven Bewegung gibt es die ausdrückliche Erlaubnis, über Sex zu sprechen. Nicht über den Sex der anderen, den der Nachbarn oder Prominenten, sondern über den eigenen. Sexualität wird aus der persönlichen Tabuzone geholt. Es geht nicht um oberflächliche Erfolgsgeschichten. Die Menschen zeigen sich mit ihren Wünschen, stellen Fragen und suchen eine ehrliche Auseinandersetzung.

Der Psychiater und Psychotherapeut Michael Lehofer skizziert in seinem Buch »Alter ist eine Illusion – Wie wir uns von den Grenzen im Kopf befreien«, dass ein Sich-Zeigen wesentlich für ein erfülltes Leben ist. Wenn wir uns trauen, uns anderen zu öffnen, fühlen wir uns authentisch. Dann lassen wir uns berühren und werden weich und durchlässig. Es scheint ein Widerspruch zu sein, doch je mehr wir uns zeigen und Verletzlichkeit zulassen, desto mehr können wir unseren eigenen Weg gehen.

Manche Vertreterinnen der sexpositiven Bewegung demonstrieren dies eindrucksvoll nicht nur im privaten oder im geschützten Raum eines Workshops, sondern sie gehen noch einen Schritt weiter und setzen dazu ein Statement via Facebook oder Instagram. Sie geben dort tiefe Einblicke in ihre persönliche Gemütsverfassung und schreiben über Einsamkeit, Liebeskummer, sexuelle Erfahrungen, Krankheiten, Selbstwertprobleme, Ängste, Krisen oder philosophieren ganz allgemein darüber, wie sie noch authentischer leben können. Damit ernten sie viel positive Zustimmung in Form von Likes und Kommentaren und setzen nicht selten ausführliche Diskussionen über das jeweilige Thema in Gang. Eine ausgewählte Öffentlichkeit an der eigenen Verletzlichkeit teilhaben zu lassen, macht Verletzlichkeit salonfähig und regt andere Menschen an, sich nicht zu scheuen, sich zu zeigen. Menschen, die sexpositiv leben, lösen sich davon, was ihr Umfeld oder die

Gesellschaft von ihnen verlangt, indem sie authentisch zu ihren Bedürfnissen stehen.

Haben Sie schon einmal Sex zugestimmt, der Ihnen eigentlich unangenehm war? Haben Sie schon einmal einen Orgasmus vorgetäuscht? Haben Sie schon einmal etwas gemacht, dass Sie später bereuten? Im Normalfall wird darüber geschwiegen. Diese Erfahrungen, die nicht an die Oberfläche geholt werden, wirken unbewusst weiter. Die Folge kann sein, dass wir Sex als schmutzig und verletzend für Körper und Seele bewerten und wir uns nicht mehr darauf einlassen wollen. Eine sexpositive Umgebung unterstützt, über diese Erfahrungen zu sprechen und sie zu teilen. Das muss nicht gleich öffentlich via Facebook sein – aber Sie kennen dieses erlösende Gefühl vermutlich aus anderen Bereichen Ihres Lebens, wenn Sie sich mitteilen und verständnisvolle, empathische Zuhörer findet. Menschen, die zuhören, nicht urteilen oder vielleicht sogar Ähnliches erlebt haben, können augenblicklich einen entspannteren Zustand herbeiführen. Reden und gehört werden bringt in allen Lebenslagen Erleichterung, besonders in Bezug auf die eigene Sexualität, weil sie meist ein Tabuthema ist. Wenn die Angst wegfällt, etwas nicht sagen zu dürfen oder Erwartungen entsprechen zu müssen, wird die Stimmung ruhiger, freundlicher und vertrauensvoller. Ein authentischer Austausch führt zu echten Begegnungen. Das betrifft die Sexualität umso mehr, da sie ein wesentlicher Anteil unseres Seins ist.

Alles ist möglich: Lebensstile und sexuelle Neigungen achten

Sexpositiv zu sein bedeutet, die Differenz und Diversität von Lebensstilen, sexuellen Neigungen und Vorlieben wertzuschätzen und sie als Ressource zu begreifen. Sexpositive

Menschen sind neugierig und offen, wie andere ihre Sexualität leben. Sie wenden sich nicht mit negativen Bewertungen und Unverständnis ab, wenn es um eine Form von Sexualität geht, die nicht die ihre ist oder wenn jemand eine Art von Beziehung führt, die sich von der eigenen unterscheidet.

Sexpositiv bedeutet nicht, dass etwas sein muss, es bedeutet, dass viele Möglichkeiten bestehen können. Eine sexpositive Haltung nimmt keine Wertung vor, welcher Sex besser ist. Sie bietet einen einvernehmlich hergestellten Rahmen, um herauszufinden, welcher Sex für jeden passt – ohne eine Hierarchie oder ein Ideal vorzugeben.

Menschen verlassen ungern ihre Komfortzone. Wir verharren dort, wo wir uns sicher fühlen und unter Unseresgleichen sind. Schnell schließen wir Grenzen um das Bekannte. Schnell wird genau definiert, wer draußen und wer drinnen ist. Sexpositiv versucht genau das Gegenteil: Sexpositive Menschen wollen Durchlässigkeit und fließende Übergänge schaffen.

Sexpositiv zu sein bedeutet, dem anderen und Fremden nicht nur mit Respekt zu begegnen, sondern auch mit Interesse. Statt uns abzuwenden, können wir Fragen stellen, die uns einem Bereich näherbringen. Sie haben sicher schon einmal Menschen erlebt, die reflexartig das Gespräch abbrechen oder das Thema wechseln, wenn etwas nicht ihrer Erfahrungswelt entspricht. Wenn Sie erzählen, dass Sie gern segeln gehen und Ihnen nach dem ersten Satz »Segeln ist gar nichts für mich, ich gehe lieber wandern« entgegnet wird, dann ist das Gespräch beendet. Wie sollen Sie so weiterhin Lust haben, von Ihren Abenteuern, Gedanken und Glücksgefühlen, vielleicht auch von den Ängsten, die Sie beim Segeln spüren, zu erzählen? Das Fazit ist: So kommen wir nicht in Kontakt, so bleiben wir weiterhin nur in unserer eigenen Welt und erfahren nichts über die anderen.

Nicht selten laufen Dialoge noch abwertender ab. Nehmen wir ein Gespräch, dessen Dynamik Ihnen möglicherweise bekannt vorkommt, als Beispiel: Patrick trifft bei einer Party Elias. Die beiden waren in ihrer Schulzeit Freunde, danach haben sie sich aus den Augen verloren. Nun sind mehr als zehn Jahre vergangen und die beiden freuen sich über das unverhoffte Wiedersehen. Patrick erzählt Elias, dass er letztes Jahr Vater von Zwillingen geworden ist und nun mit seiner Frau am Land wohnt. Er erzählt von seinem Leben und Elias hört ihm aufmerksam zu. Dabei stellt er immer wieder interessierte Fragen. Das Gespräch nimmt einen schlüssigen Verlauf. Irgendwann meint Patrick zu Elias, dass er nun lang genug geredet hätte und fragt ihn nach seinem Leben. Elias beginnt zu erzählen, dass er seit ein paar Jahren mit seiner Freundin Susanne polyamor lebt. Er hat zwar aktuell keine andere Beziehung, aber Susanne verbringt etwa ein Drittel ihrer Zeit mit ihrem zweiten Freund. Elias hat den Satz noch nicht fertig gesprochen, da unterbricht ihn Patrick und sagt, dass er das nie akzeptieren würde und dass er sicher sei, dass das keine Zukunft hat. Elias kennt diese Reaktion von vielen seiner früheren Freunde. Er geht weder in die Defensive noch versucht er, Patrick davon zu überzeugen, dass Polyamorie die richtige Lebensform für alle wäre. Sie ist das Beziehungsmodell, in dem er sich derzeit glücklich wähnt – mit allen Herausforderungen, die auch jedes andere Modell mit sich bringt. Seinerseits stellt er den Lebensentwurf der Kernfamilie am Land nicht in Frage. Das Gespräch verebbt in belanglosem Small Talk. Wäre Patrick sexpositiv, hätte er interessiert nachgefragt. Er hätte viel über Elias erfahren. Vielleicht hätte er auch etwas für sein Leben mitnehmen können. Auf jeden Fall wären sich die beiden nähergekommen. Vielleicht hätte sich ihre Freundschaft neu entfacht und vielleicht hätten sie einander gerade wegen ihrer unterschiedlichen Lebensstile bereichert.

Sexpositiv zu sein bedeutet, Respekt und Interesse gegenüber dem Unbekannten zu haben und zu zeigen und Unterschiede nicht abzuwerten. Vermutlich haben Sie bereits festgestellt, dass jeder Mensch ein einzigartiges sexuelles Begehren hat und eine ganz persönliche Ausprägung seiner Sexualität. Da müssen Sie jetzt nicht einmal weit denken – es ist auch Ihre Partnerin, die eine andere Sexualität hat als Sie. Sexuelle Unterschiede gibt es immer, wenn zwei Menschen aufeinandertreffen.

Was ist normal? Einen neuen Blick auf Grenzen wagen

In der sexpositiven Bewegung folgt die Bewertung, was guter Sex für jemanden ist, nicht mehr dem Kriterium, ob er statistisch mehrheitlich praktiziert wird und dadurch das Label »normal« erhalten darf. Das sexpositive Bewertungsmaß lautet: Findet die Begegnung mit der Zustimmung aller Beteiligten statt? Einvernehmlich, wertschätzend und auf Augenhöhe? Es wird darüber gesprochen, was jeder sich wünscht oder zu geben bereit ist. Auf diese Weise entsteht sexuelle Offenheit, und die macht Platz für Experimentierfreude.

Beobachten Sie sich: Welcher Gedanke steigt in Ihnen hoch, wenn Sie diese Geschichte lesen? Darius, querschnittgelähmt, 29 Jahre alt, sitzt im Rollstuhl. Von den Schultern abwärts ist sein Körper gefühllos. Sein Mopedunfall passierte, bevor er zum ersten Mal eine sexuelle Begegnung hatte. Er wird regelmäßig von der Sexworkerin Marianne besucht. Sie flüstert ihm Sex ins Ohr und berührt ihn am ganzen Körper. Was ging Ihnen gerade durch den Kopf? Darf das sein? Ist das nicht zu viel? Wofür der Aufwand? Er spürt ja nichts. Braucht er das wirklich? Wer soll die Sexworkerin bezahlen? Könnte man das mit Heilmassagen gleichsetzen und über die Krankenversicherung abrechnen? Haben wir ein Anrecht auf Berührung und Sex? Für Darius ist es normal, dass sein Sex im Ohr stattfindet. Er genießt Mariannes Worte. Was immer Ihre Gedanken waren: Sie gehen von Ihren Zuschreibungen, Ihren Grenzen und Werthaltungen aus. Ihre Gedanken verraten, was für Sie noch innerhalb des »Normalen« liegt. »Normal« ist jedoch eine verschiebbare Grenze, wenn man sich auf den anderen einlässt, ihn sieht und versteht. Vielleicht ist es das nächste Mal Ihre Freundin, die begeistert erzählt, dass sie ihre dominante Seite im Sex entdeckt hat. Oder ihre masochistische. Ist das dann normal für Sie?

Sprechen wir über sexuelle Orientierung, sexuelle Identität und sexuelle Praktiken, tauchen schnell Fragen wie diese auf: Widerspricht es nicht der menschlichen Natur, trans oder genderfluid zu sein? Können Menschen tatsächlich mehr als ein Geschlecht haben? Dürfen körperlich oder geistig beeinträchtigte Menschen ihre sexuelle Lust ausleben? Und wenn ja, mit wem? Sind sexuelle Praktiken, die mit Schmerzen und Demütigung zu tun haben, nicht gewalttätig, ungesund, gefährlich und pervers? Sind Homosexuelle nicht krank, in ihrer Persönlichkeit gestört, durch Traumata beschädigt?

Wenn es um unsere Sexualität, unsere Geschlechtsidentität und unsere sexuelle Orientierung geht, gibt es in der Sexualwissenschaft keine Norm. »Richtig« und »falsch«, »gesund« und »ungesund« sind Bewertungen und moralische Vorstellungen, die sich Gesellschaften geben, um Ordnung herzustellen und Interessen zu schützen. Lange Zeit wurden homosexuelle Menschen verfolgt, wurde über Transpersonen geschwiegen und Menschen mit Beeinträchtigungen ihre Sexualität abgesprochen. Sexualität außerhalb der heterosexuellen Norm wurde diffamiert. So wurde etwa Homosexualität in Deutschland erst 1969 und in Österreich 1971 entkriminalisiert; bis dahin lebten homosexuelle Menschen in der Gefahr, vor Gericht gestellt zu werden. Auch wenn es inzwischen juristische Anpassungen für die Gleichstellung gibt, ist jedes Coming-out öffentlicher Personen noch immer eine Sensation.

Die sexpositive Bewegung ermutigt Menschen, ihre authentische und gefühlte sexuelle Orientierung und Identität zu leben. Sie schafft Raum und Gelegenheit für einen Austausch, bringt Menschen mit denselben sexuellen Interessen zusammen und entwickelt sich stetig weiter. Wenn durch sexuelle Neigungen und Orientierungen keinem Menschen Gewalt zugefügt wird oder die sexuelle Selbstbestimmung, Schutzbedürftigkeit und Würde nicht verletzt wird, dann ist dies weder krank, pervers, defizitär noch kriminell.

An dieser Stelle ist es notwendig, zwischen Paraphilien, also krankhaft gestörten Sexualpräferenzen, und sexuellen Vorlieben und Neigungen, wie sie in den sexpositiven Szenen gelebt werden, zu unterscheiden. Das Gesetz setzt hier eine klare Grenze. Es definiert genau, was strafbar ist und andere Menschen an Leib und Würde verletzt. So stellt es Pädophilie (sexuelles Interesse Erwachsener an Kindern) und Inzest (sexuelle Beziehungen zwischen engsten Blutsverwandten), nicht einvernehmlichen sexuellen Sadismus (Empfinden von sexueller Lust beim Quälen des Sexualpartners) und Exhibitionismus (Entblößung der Geschlechtsteile vor Fremden) sowie Sodomie (Sex mit Tieren) unter Strafe. Die Delikte Vergewaltigung, sexuelle Nötigung, Kindesmissbrauch, Verletzung der sexuellen Selbstbestimmung, Produktion von Kinderpornografie, Beihilfe zur sittlichen Nötigung und Missbrauch werden fälschlicherweise oft als Sexualdelikte gesehen. Das sind allerdings sexualisierte Gewaltstraftaten, die nichts mit sexuellen Interessen, Vorlieben und Praktiken zu tun haben. Hier verüben Täter Gewaltverbrechen, die nicht auf ihrer Sexualität beruhen. Die forensische Arbeit mit diesen Straftätern zeigt vielmehr, dass diese Vergehen so gut wie immer an Persönlichkeitsstörungen (Störung der Reife, Störung im Umgang mit Gefühlen, narzisstische Störung, Störung der Bindungsfähigkeit) gekoppelt sind.

Im Unterschied zu Gewaltverbrechen akzeptieren Menschen mit einer sexpositiven Haltung die sexuellen Praktiken anderer, solange alle Teilnehmerinnen zustimmen und sich sicher fühlen. Sie heißen sexuelle Verhaltensweisen gut, die sich von ihren eigenen unterscheiden, etwa viele Partner zu haben oder Lust bei Schmerz und Erniedrigung zu spüren. Sexpositive Menschen fühlen sich von Andersartigkeit nicht bedroht. Sie erleben Menschen mit anderen sexuellen Vorlieben als Bereicherung. Diese Einstellung zu allen Bereichen, die mit Sexualität zusammenhängen, weitet sich auch auf andere Lebensbereiche aus. Toleranz gehört zu einer sexpositiven Haltung. Deswegen gibt es in sexpositiven Szenen ein erhöhtes Bewusstsein jeder Art von Diskriminierung wie Rassismus, Ageismus (Altersdiskriminierung), Homophobie (Angst vor lesbischen und schwulen Personen) und Frauenfeindlichkeit gegenüber.

Die kleinen Unterschiede: Sexpositiv, bodypositiv, bodyneutral

Man könnte meinen, dass eine inklusive Haltung – die Haltung, dass jeder Mensch unabhängig von Aussehen, Sprache oder Beeinträchtigung dazugehört – in unserer Gesellschaft mittlerweile selbstverständlich ist. Doch die Erfahrung zeigt, dass es nach wie vor zur Diskriminierung vieler Menschen in vielen Kontexten kommt. Die sexpositive Szene ist sich dessen bewusst und strebt danach, alle Menschen explizit anzusprechen.

Es geht jedoch nicht nur darum, wie tolerant wir anderen gegenüber sind, es geht auch darum, uns selbst anzunehmen, wie wir sind. Viele Menschen empfinden Scham über ihren Körper. Viele Menschen muten sich anderen nicht zu, so wie sie sind – mit all ihren körperlichen und seelischen Besonderheiten und manchmal auch Unzulänglichkeiten. Um das zu üben, sind die sexpositiven Räume da. Sie bieten einen geschützten Rahmen, um sich ausprobieren zu können. Eine sexpositive Haltung ist inklusiv.

Die Bodypositivity-Bewegung ging ursprünglich von Amerika mit der 1969 gegründeten »Nationalen Vereinigung zur Förderung der Fettakzeptanz (NAAFA)« aus. Auf der Website ist zu lesen: »Alle Menschen verdienen Respekt. Ein Drittel der Weltbevölkerung ist fett, doch dicke Menschen werden in allen Bereichen des täglichen Lebens diskriminiert. Von der Beschäftigung bis zur Bildung. Wir bemühen uns, alles zu bekommen, von passenden Stühlen und Sitzen bis hin zu angemessener, mitfühlender medizinischer Versorgung. Die NAAFA setzt sich gegen eine solche Diskriminierung ein, um dicke Menschen zu befreien und ihnen zu ermöglichen, ihr Leben jeden Tag in vollen Zügen zu leben.«

Der Begriff »Bodypositivity« ist heute auf alle Körperformen und Besonderheiten ausgeweitet. Er reklamiert und zelebriert die jedem Menschen innewohnende Schönheit. Jeder Mensch soll ein liebevolles und wertschätzendes Verhältnis zum eigenen Aussehen und – wir ergänzen – auch zur eigenen Sexualität entfalten und gegebenenfalls dabei unterstützt werden. Das ist nicht einfach, wenn in unserer Gesellschaft Bodyshaming online und offline an der Tagesordnung ist. Menschen können buchstäblich krank davon werden, indem sie magersüchtig, depressiv und zwanghaft werden. Sie können sich dann weder an ihrem Körper noch an ihrer Sexualität erfreuen – unabhängig davon, wie sie aussehen. Wir haben junge, dem klassischen Schönheitsideal entsprechende, attraktive Frauen in unserer Praxis, die so mit ihrem Aussehen hadern, dass ihr Körper mit Lustlosigkeit antwortet. Prinzipiell ist niemand davor geschützt, in die Negativspirale von »Ich passe nicht – ich schäme mich – ich ziehe mich zurück – ich passe noch weniger« zu geraten.

Aber auch das Credo des Bodypositivismus wurde in den letzten Jahren kritisiert, weil der Begriff der Schönheit per se eine Wertung beinhaltet, die Druck ausübt. Alterna-

tiv plädiert die Sozialpsychologin und Autorin des Buches
»Beyond Beautiful«, Anuschka Rees, dafür, einen neutralen
Bezug zum eigenen und zum fremden Körper zu haben. Sie
kritisiert die Betonung des Schönen, die sich in das Körper-
bild von vielen einschreibt. Schönheitsoperationen, Selfie-
Optimierung und permanentes Vergleichen sind die Folge.
Natürlich haben die vornehmlich weiblichen Aktivistinnen des Bodypositivismus viel gegen Diskriminierung bewirkt. Zu dem Diktat, dass man schön sein muss, ist nun
das Diktat, dass man sich schön fühlen muss, um anerkannt
zu werden, dazu gekommen – auch, wenn man nun »schön
sein« anders definiert. Außerdem haben die Bodypositivity-
Vertreter ihrerseits auch jene geahndet, die sich erlaubten,
sich selbst bodypositiv zu nennen und gleichzeitig dem gängigen Schönheitsideal entsprachen. Die Häme, mit der sich
viele Models konfrontiert sehen, die sich mit dem Hashtag
#bodypositiv auf Instagram präsentieren, ist vernichtend. In
diesem Zusammenhang hat sich ein seltsamer Kampf entwickelt, der die ursprüngliche Intention von Wertschätzung,
Toleranz und Selbstliebe konterkariert.

Der Begriff »Bodyneutrality« hingegen geht Anuschka
Rees Meinung nach an die Wurzel des Problems: Er soll die
Bedeutung, die wir dem Aussehen geben, reduzieren. Das
Selbstwertgefühl soll nicht vom Äußeren abhängig gemacht
werden, sondern von einem Gefühl, gut in und mit der Welt
zu sein. Es geht nicht mehr darum, jeden Pickel und jeden
Dehnungsstreifen schön finden zu müssen, sondern um
Gleichmut der körperlichen Erscheinungsweise gegenüber.
Der Wert einer Person ist nicht mehr an die Bewertung des
Äußeren gekoppelt – und sei sie noch so positiv –, sondern
an den eigenen inneren Selbstwert.

So sinnvoll das klingt, so sehr kann es dennoch eine er-
neute Diskriminierung nach sich ziehen. Wie begegnet man
nämlich Menschen, die sich entscheiden, massiv in ihren
Körper einzugreifen, um ihn zu verändern – egal, ob den

gängigen Schönheitsnormen entsprechend oder nicht. Es gibt Frauen, die mögen ihre Brüste nicht so, wie sie sind. Sie lassen sie vergrößern, verkleinern und manchmal sogar entfernen. Es gibt Menschen, die mögen es nicht, wenn sie über einem bestimmten Body-Mass-Index (BMI) liegen und nehmen bewusst ab oder trainieren hart, um Muskelmasse aufzubauen und damit massiv ihr Äußeres zu verändern. Es gibt Menschen, die lassen sich Tattoos am ganzen Körper inklusive im Gesicht stechen. Ein besonders kontrovers diskutiertes Thema in diesem Zusammenhang ist das Thema Schamlippenkorrektur. Wie reagieren wir auf Frauen, die sich dafür entscheiden? Wo sind die Grenzen unserer Toleranz, wenn es um invasive Eingriffe, individuelle und kollektive Stylings geht? Jede Szene und jede Kultur hat ihre eigenen Codes und ihre eigene Ästhetik.

Stellen Sie sich vor, Sie würden auf eine Party gehen und eine Frau asiatischen Aussehens, westlich gekleidet, hätte einen mit Ringen verlängerten Hals, wie das die Frauen des burmesischen Bergvolks der Padaung traditionell tragen. Oder Sie treffen einen Mann mit Implantaten, Brandings und anderen Skarifizierungen am ganzen Körper. Oder Sie sehen auf einer Fetischparty eine Frau, die in einem eng geschnürten Korsett steckt, sodass sie kaum Luft bekommt. Wie würden Sie dem begegnen? Sie sehen, es ist nicht leicht. Begriffe wie Bodypositivity und Bodyneutrality werden nicht allen Phänomenen, wie Menschen sich schmücken oder verändern, gerecht. Wären Sie tolerant und würden es gutheißen, solange die Person das freiwillig und ohne Druck von außen macht? Wahrscheinlich müssen wir dann erkennen, dass die burmesische Frau sich sicher nicht für ihren verlängerten Hals entschieden hat, da dieser Eingriff bereits in ihrer Kindheit vollzogen wurde. Was ist mit ausgefallener Mode? Wie geht es Ihnen, wenn Sie einen Mann mit Lippenstift und lackierten Fingernägeln im Hugo-Boss-Anzug sehen? Ist es leichter für Sie zu akzeptieren, wenn Sie diesem

Mann das Label »schwul« oder »trans« geben? Was aber, wenn der Mann mit einer Frau verheiratet ist, sich als Mann fühlt und einfach Lust hat, sich so herzurichten? Wenn Sie eine Firma hätten, würden Sie diesen Mann beschäftigen? Wenn Sie eine Frau sind, würden Sie diesen Mann spannend und begehrenswert finden? Ja, einfach ist es nicht, umfassend tolerant und nicht diskriminierend gegenüber allem von der Norm und Mehrheitsgesellschaft Abweichenden zu bleiben.

Eine sexpositive Haltung gesteht es Menschen zu, mit ihrem Körper zu machen, was sie machen wollen, ob es invasiv ist oder eine Frage des Stylings. Eine sexpositive Haltung unterstützt uns, alle Menschen zu akzeptieren, wie auch immer sie erscheinen und aussehen, welche Vorlieben sie haben und wie sie sich benehmen, solange sie anderen kein Leid zufügen. Das inkludiert im Besonderen alle Ethnien, queeren Identitäten, Menschen mit körperlichen Besonderheiten und deren besondere Bedürfnisse sowie jede ästhetische Vorliebe. Jeder Mensch hat das Recht darauf, so respektiert und akzeptiert zu werden, wie er ist. Die sexpositive Haltung unterstützt Menschen dabei, sich wohler in ihrem Körper zu fühlen, Selbstliebe zu kultivieren und solidarisch die Vielfalt zu begrüßen.

Ja, vielleicht, nein: Einvernehmlichkeit aushandeln

Das Aushandeln von beidseitigem Einverständnis im Rahmen einer sexuellen Begegnung ist für eine sexpositive Haltung wesentlich. Durch die Etablierung von Konsens (Einvernehmlichkeit) wird eine sexuelle Situation hergestellt, in der jeder zu seinen aktuellen sexuellen Bedürfnissen findet. Er schafft den Rahmen, in dem eine Begegnung sicher und mit Vergnügen ausgelebt werden kann. Konsens beruht auf Selbstliebe und authentischer Zustimmung. Diese übereinstimmende Haltung sagt, dass niemand anderer darüber bestimmen kann, was Ihnen Vergnügen bereitet und wie Sie Sex haben.

Jaclyn Friedman, Mitherausgeberin des Buches »Yes Means Yes«, erklärt Konsens in einem anschaulichen Vergleich: »Sexuelle Einwilligung ist nicht wie ein Lichtschalter, der entweder an oder aus ist. Sex ist eine sich entwickelnde Reihe von Handlungen und Interaktionen. Sie müssen die begeisterte Zustimmung Ihres Partners einholen. Und selbst, wenn Sie die Zustimmung für eine bestimmte Aktivität haben, müssen Sie akzeptieren, dass es sich ändert. Zustimmung bekommt man nicht durch eine einzelne Antwort. Sie ist ein Prozess. Wenn Sie beide anstelle von Liebenden Synchronschwimmer wären, wäre die Zustimmung das Wasser. Es reicht nicht aus, hineinzuspringen, nass zu werden und herauszuklettern. Wenn Sie schwimmen wollen, dann müssen Sie ständig im Wasser sein. Und wenn Sie Sex haben wollen, dann müssen Sie ständig in einem Zustand der Zustimmung mit dem Partner sein.« In Kapitel 6 zeigen wir, wie eine konsensuale Haltung Ihre Intimität und Beziehung verändern kann.

Es liegt in den Anfängen der sexpositiven Bewegung begründet, weshalb das Thema der konsensualen sexuellen Begegnung so wichtig ist. Die Szenen, allen voran die Homosexuellen- und BDSM-Szenen, hatten immer mit dem ungerechtfertigten Vorwurf zu kämpfen, dass ihre sexuellen Praktiken unsicher, pathologisch und in Verbindung mit Gewalt vollzogen werden. Homosexueller Sex und Kink-Sex würden daher die mentale und körperliche Gesundheit gefährden, ist das Vorurteil. Das Thema ist in den Communities stets präsent. Deswegen wird über Konsens gesprochen und werden Erfahrungen ausgetauscht. Das ist ein laufender Prozess, in dem sich die Szenen immer wieder auf den neuesten Stand bringen. Sexpositive Festivals, Veranstaltungen und Workshops haben ihre eigenen Verhaltenskodizes zum Thema Konsens entwickelt, die wir in Kapitel 7 vorstellen.

Die sexpositive Bewegung achtet nicht nur auf emotionale und psychische Sicherheit, sondern auch auf sexuelle Gesundheit. Das heißt, man spricht nicht nur über die Art und Weise, wie man sich begegnet, sondern auch über die gesundheitliche Sicherheit. Dem Thema »Safer Sex« wird deswegen in sexpositiven Kontexten, wie wir es aus den Aidshilfeprogrammen kennen, ein breiter, bewusster und expliziter Raum eingeräumt. Sexuell übertragbaren Krankheiten haftet immer noch ein Stigma an, das Menschen nicht oder nur sehr verhalten darüber reden lässt – oft mit fatalen Folgen. Die Communities wollen das Bewusstsein für sexuelle Gesundheit stärken. Sie klären über sexuell übertragbare Infektionen (STD) auf und stellen Informationen über Prävention bereit, damit sich alle bei Safer-Sex-Methoden auskennen. Sexpositive Menschen sprechen über Risiko- und Testverhalten. Regelmäßige Testungen sind für sexpositive Menschen unerlässlich, wenn sie Sex mit verschiedenen Partnern haben. Damit übernehmen sie Verantwortung für sich selbst und schützen auch die anderen.

In diesem Kapitel haben wir Ihnen einen Überblick über die Grundpfeiler und Werte der sexpositiven Bewegung gegeben. Wir sind der Meinung, dass eine sexpositive Haltung allen Menschen einen lustvollen Zugang zu ihrer Sexualität und Intimität in der Beziehung bringen kann. Wir laden Sie ein, zu erkunden, was Sie möglicherweise in Ihr bestehendes Sexleben oder in Ihre Beziehung integrieren möchten. Schauen Sie sich um in den Szenen. Vielleicht ist der eine oder andere Aspekt dabei, der Sie anspricht und den Sie ausprobieren wollen. Wenn Sie beginnen, sich mit den Ideen der sexpositiven Bewegung auseinander zu setzen, dann werden Sie bald Methoden und Instrumente an der Hand haben, die Ihnen helfen, Ihre Sexualität besser zu erforschen, darüber zu sprechen und klarer in der Begegnung mit anderen zu sein. So gewinnen Sie Freiheit und werden Intimität und ihre Beziehung(en) aktiver gestalten und dadurch besser genießen können.

KAPITEL 4

Wer gehört dazu?
Die Szenen der
sexpositiven Bewegung

Im vorherigen Kapitel haben wir die zentralen Anliegen der sexpositiven Bewegung beschrieben. Sie fördert die Aneignung der persönlichen erotischen Kompetenz: den eigenen Körper und das eigene Geschlecht in seinen Besonderheiten zu kennen und eine aufmerksame Beziehung zu sich selbst zu pflegen. Sie ermutigt zur Selbstverantwortung für das eigene sexuelle Wohlbefinden, wenn man weiß, was man will und was nicht. Sie unterstützt neue Begegnungsformen durch eine konsensuale Haltung. Respekt und Achtung vor dem anderen und dessen Bedürfnisse und Grenzen sind Grundlage jeder sexuellen Begegnung. Sie bejaht die Unterschiede zwischen den Menschen als Ressource für Wachstum und persönliche Entwicklung. Sie fördert sexuelle Reife durch Information und Austausch und weckt die Neugierde, Sexualität als ständigen Lern- und Entwicklungsprozess für das eigene sexuelle Potenzial zu sehen, den man selbst in die Hand nehmen kann.

Zusammengefasst geht es der sexpositiven Bewegung auf der persönlichen Ebene um sexuelles Lernen, um bewusstes, achtsames und lustvolles Handeln und Fühlen, um Präsenz und Entschleunigung und darum, in der Sexualität mehr zu sehen als den Geschlechtsverkehr, der zum Orgasmus führt. Gesellschaftspolitisch kämpft die sexpositive Bewegung für Inklusion und für das Recht auf sexuelle Selbstbestimmung aller Menschen, die aufgrund ihrer Geschlechtsidentität, ihrer sexuellen Orientierung, ihrer Praktiken oder der Wahl ihrer Beziehungsform diskriminiert sind.

LGBTIQ: Die Lesbian-Gay-Bisexual-Trans-Intersexual-Queer-Szene

Als Teil der sexpositiven Bewegung schaffen sich trans- und genderqueere Menschen Gehör und Aufmerksamkeit. Seit rund zehn Jahren bringen sie sich selbstbewusst und offensiv in die Geschlechterdebatte ein.

Es gibt eine breite Palette möglicher Geschlechterdefinitionen: So kann die Vorsilbe »trans« für drei unterschiedliche transgeschlechtliche Lebensentwürfe stehen. Transvestiten sind Menschen, die zeitweise im Erscheinungsbild des anderen Geschlechts leben; biologische Männer kleiden und schmücken sich wie Frauen. Transvestiten stellen infrage, dass es eine normierte Ästhetik in der äußeren Gestaltung gibt, sprich, dass nur Frauen Make-up, Kleider, Röcke und hohe Schuhe tragen dürfen. Transsexuelle Menschen wandeln ihr Geschlecht. Sie passen ihren Körper durch medizinische Eingriffe an, sie verändern ihren Namen und Personenstand. Ein Mann wird eine Frau oder umgekehrt. Im Gegensatz dazu wollen sich Transgender-Menschen keinem Geschlecht zuordnen und lehnen eine eindeutige Geschlechtszuweisung ab.

Bei allen Kategorien sind die Grenzen fließend. Deshalb ist es allein entscheidend, wie der Mensch sich selbst beschreibt. »Queer« steht als Sammelbegriff für alle Menschen, die außerhalb der Heteronormativität, die Heterosexualität als soziale Norm vorgibt, leben. Die LGBTIQ-Community kämpft dafür, dass sie in der Gesellschaft sichtbar wird und ihre Rechte auf sexuelle Selbstbestimmung erhält.

In der modernen Sexualmedizin und Psychologie wird

74

»Geschlechtsidentität« als tief empfundenes Gefühl, männlich, weiblich oder keines von beidem zu sein, definiert. Dieses Gefühl kann mit den angeborenen biologischen Geschlechtsmerkmalen übereinstimmen, muss es aber nicht. Stimmt das biologische Geschlecht mit dem gefühlten Geschlecht überein, dann gibt es wenig Grund, über die eigene sexuelle Identität aktiv nachzudenken. Erst wenn jemand merkt, dass das vorgegebene Rollenbild von männlich und weiblich für sie oder ihn nicht passt, wird ein Prozess ausgelöst und bildet so eine Basis, sich selbst zu erforschen. Dieser Prozess kann schmerzhaft sein und Unverständnis und Abwehr auslösen; denn noch immer sind die meisten Menschen der Meinung: Es gibt nur zwei Geschlechter, Mann und Frau, die von Geburt an festgeschrieben und unveränderbar sind. Queere Menschen kämpfen gegen das Vorurteil, dass es widernatürlich sei, wenn Körpergeschlecht und Geschlechtsgefühl nicht übereinstimmen.

Forschungen zur Geschlechtsidentität belegten bereits im 19. Jahrhundert, dass zwischen den beiden Polen männlich und weiblich alle Formen einer Geschlechtsidentität möglich sind. Jeder Mensch trägt weibliche und männliche Anteile in sich. Besonders Forschungen zu intersexuellen Menschen (Menschen, die von Geburt an sowohl weibliche als auch männliche Geschlechtsmerkmale haben) trugen seit den 1970er-Jahren wesentlich dazu bei, das biologische Geschlecht endgültig vom sozialen Geschlecht zu trennen. Gunter Schmidt, einer der führenden deutschen Sexualforscher, skizziert in seinem Buch »Das neue Der, Die, Das – Über die Modernisierung des Sexuellen« die Ergebnisse dieser Arbeiten. Sie zeigen, dass die Entwicklung des Geschlechtsgefühls (also die Überzeugung, ein Mann oder eine Frau zu sein) von nachgeburtlichen Ereignissen beeinflusst wird und nicht allein von biologischen Faktoren abhängt. Die Forschungen zu intersexuellen Menschen haben bereits früh den konstruktivistischen Blick auf die Geschlechterdefinition geschärft, wonach jeder Mensch seine eigene Wirklichkeit entwirft. Doch nach wie vor stören transidente, transsexuelle, intersexuelle, genderfluide Menschen die »binäre Ordnung«. Sie sind deswegen häufig Diskriminierung, Übergriffen und körperlicher Gewalt ausgesetzt.

Die sexpositive Bewegung wird von Menschen mitgestaltet, die sich selbst nicht eindeutig einem Geschlecht zuordnen. Diese Menschen bleiben bewusst uneindeutig und verweigern sich der bipolaren Geschlechterordnung. Damit kämpfen sie Seite an Seite mit homosexuellen Menschen für gleiche Rechte und sexuelle Selbstbestimmung. Auch heute noch wird unsere sexuelle Orientierung unter die Vorherrschaft der heterosexuellen Ordnung gestellt. Oder haben Sie jemals daran gedacht, einen hetero-orientierten Menschen danach zu fragen, warum er oder sie diese Orientierung hat? Homosexualität wird als Abweichung definiert. Seit den Forschungen des amerikanischen Sexualforschers Alfred Kinsey in den 1950er-Jahren wissen wir, dass die Beschreibung »heterosexuelle und homosexuelle Orientierung« Kategorien und Konstruktionen in unseren Köpfen sind. Kinsey belegt, dass es wie in der Natur im Allgemeinen auch in der sexuellen Orientierung keine Dichotomie (Zweiteilung) gibt. Es gibt ein Kontinuum (einen Zusammenhang), an dessen Enden Homosexualität und Heterosexualität stehen. Dazwischen gibt es auch in der sexuellen Orientierung alle Mischverhältnisse beider Formen. Homosexualität, Bisexualität und Heterosexualität sind gleichwertig und natürlich in der Bandbreite des Spektrums. Genau dasselbe gilt für das Geschlecht. Die LGBTIQ-Community spricht von »passageren« (nur vorübergehend auftretenden) oder »liquiden« (verflüssigten) sexuellen Identitäten. Genderfluide, Intersexuelle oder Transgender-Menschen lassen sich nicht mehr den Stempel einer lebenslangen sexuellen Orientierung oder Identität aufdrücken und bilden damit die Speerspitze für eine offene und inklusive Entwicklung im 21. Jahrhundert.

Innerhalb der sexpositiven Bewegung bringen sie diese Themen in die gesellschaftspolitische Debatte ein.

Kink: Variantenreiche Sexualität

Kink wird als Oberbegriff verwendet, um eine breite Palette von Praktiken zu beschreiben, die Intimität, Erotik und Beziehung herstellen. Im Groben lassen sie sich in folgende Kategorien zusammenfassen:

- Praktiken, die zur Intensität von sensorischen Erlebnissen bis hin zu Schmerz in unterschiedlichen Körperregionen führen (sadistisch/masochistisch)
- Praktiken zur Erregung durch interpersonale Machtdynamiken (dominant/submissiv)
- Praktiken zur Erregung durch Objekte (Fetisch)
- Praktiken zur Erregung durch Rollenspiele (etwa Lehrerin/Schüler, Patient/Ärztin)
- Praktiken zur Erregung durch die Überreizung von Sinnen und Bewusstsein (wie Atemkontrolle, Fesseln)

In den letzten zehn Jahren sind die Szenen und Communities, in denen diese sexuelle Vielfalt praktiziert und gelebt wird, immer mehr vom Rand in das Zentrum des Interesses gewandert. Die Kink-Szene formiert sich in der heutigen Zeit nicht mehr nur über Orte, Lokale oder Veranstaltungen, sondern auch über das Internet. Dies hat eine Kommunikation über räumliche und zeitliche Grenzen hinweg möglich gemacht. Dating-Plattformen, um Menschen mit gleichen Interessen zu finden, Foren zum Austausch und zur Wissensweitergabe und persönliche Berichte und Dokumentationen aus dem Kink-Bereich sind wertvolle Tools.

Dieser erleichterte Zugang und der differenzierte und authentische Einblick zeigen, wie vielfältig Kink gelebt wird.

Nicht zuletzt führt diese neue Öffentlichkeit dazu, dass immer mehr Menschen ermutigt werden, über ihre eigene Sexualität nachzudenken. Wir spüren dieses Interesse auch in unseren Beratungen. Die Frage lautet nicht mehr »Welche Sexualität ist richtig oder falsch und was darf ich?«, sondern »Welche Sexualität passt zu mir oder in unsere Beziehung?«.

Bereits in den 1970er-Jahren, als die Kink-Subkultur in den USA begann, setzten sich die Praktizierenden damit auseinander, wo die Grenzen von Kink, Pathologie und Kriminalität liegen. Die Frage der Zustimmung, definiert als informierte, freiwillige Vereinbarung von zwei oder mehr Personen, wurde zum zentralen Thema. Die erstmalige Verwendung des Ausdrucks »safe, sane and consensual« (sicher, gesund und einvernehmlich) erfolgte im Leitbild von 1983 von der Organisation »Gay Male Sado-Maso Activists« (GMSMA), einer gemeinnützigen Organisation schwuler Männer aus der Region New York City. Seitdem hat sich diese Aussage zu einem Gemeinschaftswert der sexpositiven Bewegung entwickelt und wurde im Lauf der letzten Jahre immer weiter ausdifferenziert. In allen sexpositiven Szenen gibt es dazu Workshops, praxisnahe Regeln und einen Verhaltenskodex.

2019 wurden von führenden Sexualtherapeutinnen und klinischen Sexologen aus Kanada und Amerika die »Kink Clinical Practice Guidelines« veröffentlicht. Hier beschreiben sie, dass mehr als je zuvor zu Kink-Sexualität, dem Stigma, das Kink anhaftet und zu Fragen der Gesundheit und des Wohlbefindens der Menschen, die Kink praktizieren, geforscht wird. Ein Schwerpunkt liegt dabei auf dem Thema, ob Kink-Praktiken im Zusammenhang mit psychischen Störungen stehen. Diese Untersuchungen zeigen keine Unterschiede zwischen der Kink- und der Nicht-Kink-Gruppe. Sowohl die Weltgesundheitsorganisation (WHO) als auch die internationale Klassifikation von Krankheiten (ICD-11) machen deutlich, dass einvernehmliche Kink-Praktiken keine

Psychopathologien darstellen. Sie verdienen nur klinische Aufmerksamkeit, wenn die Menschen über erhebliche subjektive Belastungen oder Beeinträchtigungen in der Arbeit, Beziehung oder anderen Lebensbereichen berichten.

Wir schätzen, dass ungefähr zehn Prozent der Menschen irgendwann in ihrem Leben Kink-Praktiken probiert haben. In der Kink-Szene gibt es viele Facetten, wie Menschen ihre Neigungen ausleben. Manche praktizieren sie nur gelegentlich als speziellen Teil ihrer Sexualität. Für andere ist Kink eine umfassende Lebensform, die ihren Alltag und ihre sozialen Beziehungen definiert. Kink-Praktiken sind also ein Teil des Spektrums einer normalen Sexualität, da eine sexuelle Begegnung mit der bewussten und freien Zustimmung aller Beteiligten stattfindet. Eine Reise in die Kink-Welt ist meist ein langer Prozess. Er beginnt mit der Erlaubnis, die man sich selbst gibt, die ersten Schritte zu gehen. Kink-Praktiken ermöglichen ein Spielen mit den existenziellen Themen von Fantasien: Dominanz und Unterwerfung, Widerstand und Kapitulation, Schmerz und Lust. Oft geht es um die Umwandlung von Angst in Erregung, von Schuld in Freude, von Strafe in Hingabe und von Wut in Berührung. Kink-Praktiken geben den Zwischenräumen, dem Unbewussten und Verborgenen, den Tagträumen und Fantasien Platz, sich auszubreiten. Sie spielen mit allen Sinnen und arbeiten mit den »Schatten« (siehe dazu auch Kapitel 5) als Metapher für alle Persönlichkeitsaspekte, die man ausleben möchte. Diese Szenen geben die Erlaubnis, Vergnügen in der Erkenntnis zu gewinnen, dass die eigentliche Perversion in der Unterdrückung der Lust und der Lebenskraft liegt.

Die deutsche Paar- und Sexualtherapeutin Angelika Eck gibt dazu in ihrem Buch »Der erotische Raum – Fragen der weiblichen Sexualität in der Therapie« an, dass etwa 45 bis 60 Prozent der Menschen Fantasien haben, die Aspekte von Dominanz und Unterwerfung, Statusverletzung und Erniedrigung beinhalten. Ungefähr 30 Prozent haben Fantasien, in denen es um körperliche Schmerzen und Einschränkungen geht. Sie umfassen Spanking (Schlagen mit der flachen Hand), Ohrfeigen, Fesselungen, Sinne wegnehmen oder einschränken. Immer geht es in solchen Skripten um den Aspekt der Angstlust. Kink-Fantasien sind also weiter verbreitet, als viele denken.

Warum man von einer Situation sexuell erregt wird, hängt von unseren sinnlichen, emotionalen und intrapsychischen Erfahrungen ab und der Bedeutung, die wir ihnen geben. Fragt man Menschen nach dem, was sie erregt, erzählen sie häufig von inneren Bildern und Szenarien, die sie real nicht erleben. Selten wird der bekannte »Alltagssex« oder das Candle-Light-Dinner im Kopf reinszeniert, vielmehr sind es Geschichten, die von der Überwindung eines Hindernisses handeln und Verbotenes einbeziehen. Angelika Eck gibt dazu einen guten Überblick. Ein Hindernis kann sein, dass man sich nach einem Menschen sehnt, vor dem man sich in realen Zusammenhängen fürchtet oder zumindest Respekt hat. Die Unsicherheit und das Ungewisse erhöhen die Erregung. Das, was man nicht hat, gewinnt an Bedeutung. Ein anderes Hindernis kann etwas sein, das verboten ist; verboten auf gesellschaftlicher Ebene ebenso wie auf der Beziehungsebene, auf der Ebene des Status oder auf der Ebene von Normen und Werte: Sex mit der Chefin, Sex mit der besten Freundin der Ehefrau, Sex mit dem Pfarrer, Sex mit dem Studienfreund des Sohnes, Sex mit dem Patienten. Sehr oft sind es auch Situationen von Macht und Ohnmacht, in denen Verhältnisse umgekehrt werden: Sex mit dem Lehrer, der mich erniedrigt hat und den ich nun sadistisch quäle und sexuell dominiere. Sex mit der Ärztin, die ich fessle und penetriere.

Auch das Unbekannte und Fremde bietet Stoff: eine neue sexuelle Praktik, eine Rolle, die man noch nie hatte, ein anderer kultureller Hintergrund, ein öffentlicher Ort, ein Mensch, den man noch nicht kennt. In der Fantasie darf man gefahrlos zögern und Spannungszustände kultivieren – wieder und wieder. Man darf ausprobieren und dann einen Rückzieher machen. Das Balancieren auf dem schmalen Grat des Wollens und Nicht-Wollens erzeugt Spannung, und Spannung erzeugt Erregung. Spannung entsteht, indem Geschichten, aber ebenso Gedankensplitter und unzusammenhängende Fragmente in ein erotisches Skript eingebaut werden. Man kann sich selbst eine Rolle in der imaginierten Szene geben oder als Zuschauer agieren. Die Akteurinnen können bekannt, fremd oder gar gesichtslos sein. Die Bilder speisen sich aus Gesehenem, Gelesenem, Erinnertem, Gehörtem, Erlebtem oder ausschließlich aus Erdachtem. Vielleicht vermischt die Choreografie der Szene Inhalte verschiedenen Ursprungs: Eine reale Erfahrung wird in der Fantasie mit einem Bild aus einem Kink-Porno verschränkt und mit dem Liebhaber und der besten Freundin als Darsteller besetzt. Schrecken wird zu Lust, Ablehnung zu Anziehung, Schmerz zu Freude. Eines aber haben alle Fantasien gemein: Sie erzeugen Erregung oder steigern vorhandene Erregung – ob bei der Masturbation oder bei sexuellen Handlungen mit anderen Menschen. Fantasien zeigen uns einen Teil der jeweiligen erotische Landkarte des Menschen. Im Kink werden diese Fantasien oft mit Rollenspielen inszeniert.

Sucht man im Netz nach erotischen Fotos, dann sind sie rasch da: die Bilder von gefesselten Frauen (und immer häufiger auch von gefesselten Männern), ans Bett gebunden oder kompakt verschnürt am Boden liegend, manchmal auch in der Luft schwebend. Viele denken, dass Fesseln eine einfache Sache ist: Man macht es und es stellt sich automatisch Lust und Erregung ein. Natürlich können bereits Kabelbinder aus dem Baumarkt, um die Knöchel fixiert, oder das Seidentuch, um die Hände gebunden, neue erotische Reize liefern. Im japanischen Shibari hingegen wird Fesseln zur erotischen Kunstform erhoben, die Wissen über Techniken und Stile und vor allem eine bewusste Auseinandersetzung mit dem eigenen Körper und der eigenen Erotik fordert.

Shibari-Fesseln ist für jene Menschen, die es praktizieren, eine Haltung, wie sie Intimität und Beziehung herstellen. Shibari ist ein Lernprozess, der nie beendet ist. Eine gute Shibari-Session zeichnet sich in den meisten Fällen durch ein hohes Maß an Vertrauen, Zweisamkeit, Einfühlungsvermögen und ästhetischen Aspekten aus. Das Seil ist die Erweiterung des Körpers und verbindet die beiden Menschen in einem erotischen Dialog. Es ist somit kein Toy, das man einfach einsetzt. Shibari ist per se keine SM-Praktik, wie oft behauptet wird. Das Wort »Shibari« heißt wörtlich übersetzt »schnüren«. Obwohl es sich bei den heute praktizierten Techniken und Stilen eher um moderne Ausprägungen handelt, reichen die Ursprünge weit in die japanische Geschichte zurück. Hinter der Kunst von Shibari steht eine jahrhundertelange Erfahrung und ein ebenso langer Optimierungsprozess.

Die Fessel-Techniken sind in speziellen Kursen erlernbar und bedürfen viel Übung, um sicher praktiziert werden zu können. Für die gemeinsame Entwicklung von Fesslerin (aktiv) und dem Gefesselten (passiv) ist es zielführend, wenn über einen längeren Zeitraum dieselben Personen miteinander fesseln. Durch das gegenseitige Kennen und Vertrauen ist es möglich, sich gemeinsam und aufeinander abgestimmt weiterzuentwickeln. In Wien hat es sich der 2011 gegründete Verein »Shibari Kinbaku Dojo Vienna« zur Aufgabe gemacht, Shibari zu fördern. Hier werden moderne Techniken in Zusammenarbeit mit internationalen Fesselkünstlern gelehrt. Wichtige Ziele sind dabei, Shibari vom »Schmuddel-Image« zu befreien, es auf ein breites Fundament zu stellen und die meditativen und erotischen Beziehungskomponenten in den Vordergrund zu rücken. Inzwischen gibt es viele weitere Locations, Stammtische und organisierte Treffen, bei denen man sowohl Shibari als auch Bondage (die westlich geprägte Form des Fesselns) genießen, ausüben und perfektionieren kann.

Tantra: Der ganzheitliche Zugang zur Lust

Bestimmt haben Sie schon einmal von Tantra gehört. Vielleicht kennen Sie jemanden, der auf einem Tantra-Seminar war. Vielleicht sind Sie schon länger neugierig und fragen sich, was wohl genau bei einer Tantra-Massage passiert. Vielleicht haben Sie einen Artikel in einem Magazin gelesen oder ein Buch über Tantra in der Buchhandlung gesehen. Bis vor zehn Jahren war Tantra in der breiten Masse noch wenig bekannt. Viele hatten dazu ein Bild, das irgendwo zwischen esoterischem Swingerclub und akrobatischen Kamasutra-Stellungen liegt. Weder hat Tantra etwas mit der Swinger-Szene zu tun noch mit dem 2000 Jahre alten hinduistischen Liebeslehrbuch. Es gibt zu letzterem maximal ein paar Überschneidungen, wenn es um Sinnlichkeit und sexuelle Energie geht. Im Kamasutra steht der Geschlechtsverkehr mit den unterschiedlichen Stellungen im Vordergrund, während Tantra eine umfassende philosophisch-spirituelle Lehre ist, bei der Sexualität einen wichtigen Aspekt darstellt.

Tantra kommt zwar auch aus Indien, hat aber ebenso Wurzeln im Buddhismus und Taoismus. Tantra ist ein Wort aus dem Sanskrit. Die erste Silbe »tan« bedeutet einerseits »Gewebe« und »Zusammenhang« und andererseits »Erweiterung« und »Ausdehnung«. Die zweite Silbe »tra« bedeutet »Befreiung«. Man könnte also Tantra als »Befreiung durch Ausdehnung und Verweben« übersetzen. Viele Aspekte von Tantra sind für uns sexpositiv, obwohl es dieses Label erst seit kurzem gibt. Wir meinen, Tantra ist eine Vorreiterin und hat in den letzten 40 Jahren viel dazu beigetragen, die sexpositive Bewegung und Haltung zu entwickeln. Im Grunde kann man sagen, dass Tantra-Seminare die ersten Veranstaltungen in einem größeren öffentlichen Rahmen waren, in denen es explizit um eine persönliche sexuelle Selbsterfahrung geht.

Waren die ursprünglichen mystisch-magischen Lehren und Techniken streng gehütet und wurden nur in geheimen Zirkeln weitergegeben, so kam es in den 70er-Jahren des letzten Jahrhunderts unter dem Begriff »Neo-Tantra« zu einer profaneren, auf die sexuelle Energie hin fokussierte Auslegung des Tantra. Der indische Philosoph Bhagwan Shree Rajneesh (später bekannt unter dem Namen »Osho«) brachte Neo-Tantra (der Einfachheit halber bleiben wir hier im Folgenden aber beim Begriff »Tantra«) in den Westen. Wenig später vermittelten seine Schülerinnen und Schüler Margot Anand, Andro, Josef Kramer und Diana Richardson seine Lehren in Publikationen und körperorientierten Workshops. Mittlerweile hat sich die Tantra-Szene mit einer Vielzahl an Selbsterfahrungs-Retreats, Jahresgruppen und Festivals mit unterschiedlichen Schwerpunkten ausdifferenziert. Es gibt Zentren und Veranstaltungen in Europa, Amerika, Südamerika, Asien und Australien.

Tantra hat unsere Kultur erstmals von der tief verwurzelten Überzeugung entlastet, dass Sexualität etwas Schlechtes ist; etwas, wofür man sich schämen muss. Man kann sagen, dass in allen fünf Weltreligionen Sexualität nach wie vor tabuisiert und dämonisiert wird – besonders, wenn es um weibliche Sexualität geht. Tantra geht einen ganzheitlichen Weg, den man in vielen Aspekten als sexpositiv bezeichnen kann. Demnach ist Sexualität etwas Göttliches, das in jedem von uns steckt. So kann man in jeder Frau die Göttin – Shakti genannt – und in jedem Mann den Gott – Shiva – sehen. Tantra propagiert die bewusste Auseinandersetzung mit Sexualität und geht differenziert auf den Körper und dessen Erregungsfunktionen ein. In der holistischen Auffassung von Tantra ist es wichtig, Körper, Geist und Seele als Einheit zu sehen, in der sich unsere Sexualität ausdrückt.

Tantra lehrt uns, wie der Körper in hohe Erregung kommen kann. Wo lernen wir das sonst? Bestimmt nicht in der Schule. Abgesehen davon, dass nach wie vor in vielen im Biologieunterricht verwendeten Büchern das weibliche Geschlecht unzureichend und teilweise sogar falsch dargestellt wird, ist das, was gelehrt wird, ein trauriges Fragment davon, was Lust, Sinnlichkeit und Sexualität sein kann. Im Tantra lernen wir nicht nur anatomische Kenntnisse nach, sondern auch viel über unsere Persönlichkeit. Wir lernen Hingabe, Loslassen und den Körper als Tempel der Lust zu verehren. Wir lernen, alle Gefühle und Empfindungen anzunehmen und darüber zu kommunizieren. Tantra ist umfassende Liebesschule, ganzheitliche Selbsterfahrung und Persönlichkeitsentwicklung in einem.

Vorspiel, Rollen, Rituale, Techniken: Was an Kink und Tantra sexpositiv ist

Sexpositiv zu sein bedeutet, die Differenz und Diversität von Lebens- und Sichtweisen zulassen. Wir verharren gern unter uns, in den bekannten Szenen. Dort fühlen wir uns sicher und unter Unseresgleichen. Schnell werden diese Systeme geschlossen. Schnell wird genau definiert, wer draußen und wer drinnen ist. Sexpositiv versucht genau das Gegenteil. So ist es etwa in den letzten Jahren zu einer Verbindung von Tantra und BDSM gekommen. Diese beiden Szenen waren anfangs Antipoden, also genau entgegengesetzt: Tantra will Ekstase durch Spiritualität, Langsamkeit und Reizminimierung erreichen, während die vielfältigen Seinsweisen und Praktiken des BDSM meist mit Reizerhöhung in Form von Schmerz sowie mit Submission und Dominanz arbeiten. Das ist ein scheinbarer Widerspruch. Lang schien es, als ob man sich entscheiden muss, wohin man gehört. Der sexpositive Zugang ist indes vorurteilsfrei und neugierig. Er ermöglicht, das Gemeinsame und Verbindende zu erkennen. Beiden Szenen gemein ist etwa das Rituelle: Eine Session hat einen Anfang, ein Ende und ein Dazwischen. Alles läuft nach bestimmten Regeln und mit einer klaren Rollenverteilung ab. So kann man in den letzten Jahren vermehrt Workshops und Festivals besuchen, bei denen das Aufeinandertreffen von Tantra und BDSM besonders spannend ist und die Vielfalt fördert.

Die Szenen haben immer noch mit geschlechtsspezifischen Vorurteilen zu kämpfen. Auch Frauen leben immer öfter den aktiven Part als Fesslerin, Femdom (»female dominant«, »dominate Frau«) und Tantra-Lehrerin, während es neben der Tantra-Masseurin nun auch zahlreiche Tantra-Masseure gibt. Der fesselnde dominante Mann ist genauso ein Klischee und Stereotyp wie die Verbindung von BDSM mit Gewalt und Pathologie. Dass im Tantra die Symbolik von aktiv und passiv den biologischen Geschlechtern von Mann und Frau zugeordnet sind, widerspricht einer sexpositiven Haltung, die die althergebrachte Geschlechterordnung und Identität in Frage stellt. Wir nehmen mittlerweile jedoch immer mehr Seminare wahr, in denen Übungen mit allen Geschlechtern und Orientierungen möglich sind und explizit angeboten werden. Das ist eine Entwicklung, die wir begrüßen.

Nach einem ersten Überblick über die Szenen der sexpositiven Bewegung tauchen wir in diesem Abschnitt noch tiefer in Kink-Praktiken, Shibari und Tantra ein. Alle drei haben Formen der erotischen Begegnung entwickelt, in denen das bewusste Inszenieren und Ausleben von Fantasien, Neigungen und Bedürfnissen essenziell ist. Diese wollen wir Ihnen nun genauer vorstellen. Wesentlich ist, dass alle Begegnungen und Spiele auf dem schon erwähnten Grundsatz »safe, sane, consensual«, also »sicher, gesund und einvernehmlich« beruhen. Dieses Prinzip garantiert, dass alle Beteiligten sich aufeinander verlassen können, weil jeder Verantwortung übernimmt und auf die anderen so gut achtet wie auf sich selbst. So unterschiedlich die Szenen in ihrer ästhetischen Erscheinung, ihren kulturellen Codes und Praktiken sind: Alle haben vergleichbare Haltungen und Grundlagen entwickelt, damit eine Begegnung zu einer sexpositiven Begegnung wird.

»Klar interessiere ich mich dafür, was mein Partner will. Ich beobachte, was meine Handlungen bei ihm auslösen und wie er reagiert. Besonderes Augenmerk lege ich aber darauf, wie es mir geht, wie ich mich fühle. Wenn ich führe und fessle, übernehme ich Verantwortung. Da muss ich präsent und aufmerksam sein und mich fragen, in welcher Stimmung und psychischen Verfasstheit ich gerade bin.«, beschreibt Mara, eine dominante Frau, 56, bei einem Gespräch mit uns, was für sie das Wichtigste bei einer Session (eine erotische Begegnung in der Kink-Szene) ist.

Mit welchen Menschen wir auch aus den Szenen gesprochen haben, alle sind sich einig: Eine gute Fesselung, ein Spiel im BDSM-Bereich oder eine Tantra-Massage setzen Wissen über die eigenen Emotionen voraus. Wie fühle ich mich heute? Welche Gedanken beflügeln mich? Spüre ich Anspannung, die ich aus dem Alltag mitnehme? Wie geht es mir mit meiner Spielpartnerin? Wie geht es mir mit meiner Shakti oder meinem Shiva? Je besser man sich selbst lesen kann und erkennt, in welchem emotionalen Zustand man sich befindet, desto besser kann man die Session darauf abstimmen. Was möchte ich bekommen? Was brauche ich? Was kann ich heute geben? Wozu bin ich bereit? Was macht mir Angst? Was ruft in mir Wut hervor oder verleitet mich zum Rückzug? Was hier gilt, gilt auch für jede andere sexuelle Begegnung: Wir sind nicht jeden Tag in derselben Stimmung. Nehmen Sie Ihre Stimmungen wahr. Es muss nicht von Beginn an alles perfekt sein, aber wichtig ist, sich bewusst zu machen, wie es Ihnen geht. Vielleicht möchten Sie heute einmal nur empfangen, obwohl Sie sonst immer der aktive Part sind.

Jeder Mensch hat sein eigenes Energiefeld. Wir kennen dieses Gefühl, wenn uns jemand zu nahekommt, etwa in der U-Bahn. Dann fühlen wir uns bedrängt. Unser Körper schaltet auf Abwehr, unsere Muskulatur spannt sich an, manchmal vermeiden wir es sogar, zu atmen. In erotischen Begegnungen ist es nicht anders. Wir müssen uns erst auf den anderen einschwingen, langsam spüren, wer unser Gegenüber ist. Auch wenn es der Ihnen wohl vertraute Partner ist. Wie gesagt: Wir sind nicht jeden Tag in gleicher Stimmung. Erforschen Sie, wie Sie sich heute fühlen und wie es dem anderen heute geht.

Eine Verabredung erfordert von allen Beteiligten, sich ungestört Zeit zu nehmen. Die Intention ist, so bewusst und präsent wie möglich zu sein. Abläufe – oder noch besser: langsame Abläufe – nehmen den Druck zu performen. Häufig praktizieren Menschen Sex sehr zielorientiert. Die erste Berührung, der erste Kuss ist dann wie eine Einbahnstraße Richtung Koitus und Orgasmus. Das kann Stress verursachen und am Ende zu Lustlosigkeit führen. Jede Begegnung braucht Vorbereitung nach einer speziellen Fasson. Überlegen Sie: Wie könnte Ihre aussehen? Im Shibari sind es die Seile, die bereit liegen müssen. Fesselungen, die man schon lange nicht mehr gemacht hat, werden in Erinnerung gerufen und gegebenenfalls geübt. Öle, Handtücher, Kerzen, die passende Musik, Matten und Tücher werden für eine tantrische Massage vorbereitet. Der Raum soll eine angenehme Atmosphäre haben. Licht und Temperatur werden geregelt. Vielleicht wollen Sie mit Duft und Dekoration eine außergewöhnliche Stimmung erzeugen.

Sie sehen, dem Begriff des Vorspiels wird hier eine völlig neue Bedeutung gegeben. Es ist eine Vorbereitung auf etwas Besonderes und nicht mehr der kurze Akt, bevor das Eigentliche beginnt. Planung braucht Zeit, in der auch die emotionale Vorfreude wachsen kann. Vergleichen Sie es mit einer Essenseinladung. Freundinnen, die Sie schon lang nicht mehr gesehen haben, kommen zu Besuch. In der Vorbereitung nehmen Sie den Abend bereits vorweg. Sie wissen, was Ihren Freundinnen schmeckt, welche Getränke Sie servieren werden. Sie denken an Musik und das passende Outfit. Der Abend entsteht durch Ihre Vorstellung und durch Ihr Einfühlungsvermögen. Genauso können Sie auch Ihre sexuellen Begegnungen planen. In der Vorfreude balancieren Sie Fantasie und Realität. Ihre Gedanken kreisen darum, was sein wird. Ihre Freude steigt. Vielleicht haben Sie auch eine kleine Überraschung geplant. Tantra, BDSM und Shibari nutzen diese Vorfreude zur Einstimmung. »Making the Scene« im Kink-Bereich oder Meditation im Tantra: Beides hat die gleiche Wirkung. Sie fokussieren die Aufmerksamkeit, schaffen Präsenz und Achtsamkeit für das Kommende.

Wann haben Sie das letzte Mal eine intime Begegnung mit Ihrem Partner geplant? Probieren Sie es! Machen Sie ein Experiment. Vielleicht ist die Vorbereitung weniger ernüchternd, als Sie es befürchten. Womöglich bemerken Sie sogar, wie viele Ideen Sie haben und wie viel Spaß die Planung macht. Gehen Sie in kleinen Schritten voran und nehmen Sie sich nicht zu viel vor. Vielleicht ist es eine Augenbinde, die sie nutzen wollen. Das Spiel mit Sinneswahrnehmungen ist sehr reizvoll. Nimmt man einen Sinn weg, dann werden die anderen Sinne aktiver und sensibler. Vielleicht überraschen Sie die Geliebte anstatt mit einem Theaterbesuch heute mit einem geschmückten Raum und einer ausgiebigen Ölmassage.

Im Tantra, beim Fesseln und im BDSM-Spiel gibt es immer zwei Rollen: die aktiv gestaltende und die passiv empfangende. Durch diese Festlegung entsteht Dynamik in der Begegnung. Die dominanten und submissiven Rollen im

Kink-Bereich nutzen am stärksten den Kontrast der Gegensätze. Dominant-submissive Paare bauen ihre Beziehung langsam auf. Vertrauen und das Kennenlernen von Wünschen und Grenzen sind essenziell, damit sich jeder sicher fühlen und genießen kann. Für diese Paare ist jede Begegnung ein dynamischer Prozess, der durch viel Einfühlungsvermögen entsteht. Jede Begegnung ist ein Puzzleteil für die erotische Entwicklung des Paares. Der submissive Partner scheint – einem viel gepflegten Vorurteil widersprechend – nur von außen gesehen passiv. Er ist derjenige, der die Zustimmung und Erlaubnis gibt. Es ist bei weitem nicht so, dass er alles mit sich machen lässt. Eine sexpositive dominant-submissive Beziehung basiert auf Augenhöhe und Respekt. Hier treffen sich zwei Menschen, denen es Lust bereitet, mit dem Machtgefälle zu spielen. Kennen Sie in Ihren intimen Begegnungen Rollenaufteilung? Haben Sie immer die gleiche? Oder wechseln Sie ab? Wo fühlen Sie sich wohler? Wenn in Ihrer Fantasie immer wieder Rollen auftauchen: Was benötigen Sie, um sie auszuprobieren zu können? Ein Gespräch, den Austausch mit bereits erfahrenen Menschen? Den Mut, mit Ihrer Partnerin darüber zu sprechen?

Auch Liam (43) und Marvin (47) hatten diesen Mut nicht von Beginn an. In der Beratung, die sie aufgesucht haben, weil Marvin an zeitweiligen Erektionsschwächen litt, sind die beiden dem Thema Rollen immer nähergekommen. Einen Versuch war es wert: Die beiden haben einen Fesselabend besucht. Marvin sagt in einer Beratungssitzung: »Wir haben gedacht, dass wir uns schon gut kennen, immerhin sind wir seit zehn Jahren ein Paar. Doch das Fesseln hat uns noch viel weitergebracht, als vermutet. Wir haben es zuerst nur als Ergänzung und aus Neugierde gemacht. Nun sehe ich, wie grundlegend es für meinen Mann ist, dass er sich hingeben darf. Das Fesseln hat uns auf eine neue Weise näher zusammengebracht, weil wir jetzt sehr viel über unsere Körper und auch über unsere Rollen sprechen.«

Im Tantra und im Kink-Bereich haben sich Rituale etabliert. Im Tantra gibt es etwa ein Begrüßungsritual. Der Mann kniet vor seiner Tantra-Partnerin (Shakti), die aufrecht dasteht. Er umfasst und küsst ihre Füße, während er dabei laut ausspricht:»Ich verehre die Göttin in dir.« Ein anderes Mal kniet die Frau vor dem Mann und macht dasselbe. Für Menschen, die so etwas noch nie erlebt haben, mag das befremdlich wirken. Die Wirkung ist erstaunlich berührend und hat wenig mit dem Beginn einer sexuellen Begegnung zu tun, wie wir es normalerweise gewohnt sind. Wir fühlen dabei, dass es um etwas Größeres und Weitreichenderes geht als die unmittelbare genitale Lust. Wir geben uns ganz dem anderen hin. Wann haben Sie zuletzt in Ihrer Partnerin eine Göttin gesehen und sie als solche verehrt? Können Sie sich vorstellen, dass Sie sich ihr gegenüber dann auch im Alltag anders verhalten? Sexualität als etwas Heiliges, Göttliches zu sehen, ändert unsere Einstellung und unser Verhalten.

Auch in einer dominant-submissiven Beziehung gibt es ein Begrüßungsritual. Der submissive Part verbeugt sich, küsst die Hand der Partnerin und kniet sich vor sie auf den Boden. Damit zeigt er ihr, dass er sie verehrt und ihr gehorchen wird. Diese Rituale sind eine Metapher für die besondere Verbundenheit zwischen zwei Menschen. Sie sind mit einer Erinnerung aufgeladen, wie erotisch und begehrenswert man einander findet. Sie sind aber auch die Verführung, diesen erotischen Raum wieder zu betreten. Sie stimmen ein und schaffen den Beginn, in dem man sich ganz auf das Gegenüber einlässt. Für Iris (39) und Sabrina (36), die wir bei einem Tantra-Workshop interviewt haben, sind diese tantrischen Rituale zur Rettung ihres Sexlebens geworden. Sabrina erzählt:»Bevor wir mit tantrischen Übungen begonnen haben, hatte ich oft keine Lust mehr auf körperliche und sexuelle Begegnungen. Mir war alles viel zu schnell. Ich bin im Beruf schon sehr gefordert, da ist alles sehr getaktet und ich darf als Ärztin keine Fehler machen. Seitdem wir in die Tantra-Welt eingetaucht sind, haben Iris und ich weniger Stress. Ich mag diese Rituale und die damit verbundene Achtsamkeit. Das macht mich locker und ich habe das Gefühl, dass ich einmal nicht fremdbestimmt von den Bedürfnissen der anderen bin.«

Diese Szenen zeigen uns, dass eine sexuelle erotische Begegnung kein Sprint ist, bei dem man losstartet, in der Bahn bleibt, um dann so rasch wie möglich das Ziel – den Orgasmus – zu erreichen. Die bewusste Aufmerksamkeit auf Körperempfindungen und den Atem sowie das Vertrauen in den Partner helfen, Muskelanspannungen zu lösen. Das ist eine wichtige Voraussetzung für ein lustvolles und hingebungsvolles Fließen der sexuellen Energie. Entschleunigung und Absichtslosigkeit ist angesagt, wenn man selbst spüren und in Kontakt mit den Empfindungen des anderen kommen will. Jede Bewegung, jeder Griff sollte Millimeter für Millimeter passieren. Wenn man denkt, es ist schon langsam, sollte man noch einen Gang zurückschalten. Jede Bewegung vergrößert die Sensibilität und steigert das Empfinden. Da der Höhepunkt nicht das vordergründige Ziel ist, wird immer wieder pausiert. Das Feuer der Lust soll lodern, aber nicht schnell verbrennen. Außerdem helfen Pausen, mit der Partnerin zu sprechen, nachzufragen und sich auszutauschen und so immer wieder Konsens herzustellen.

Der »Empty Mind« (auf Japanisch: »Muganawa«), eine Haltung im Shibari-Fesseln, beschreibt gut, was Absichtslosigkeit bedeutet. Der Fessler hat vielleicht eine Idee, wie er fesseln will – wohin die Reise aber wirklich geht, hängt davon ab, welche Resonanz er von seiner Partnerin bekommt. Der Fessler beginnt die Fesselung zwar mit einer Absicht, erzwingen kann er jedoch nichts, denn gegen die Energie der Partnerin läuft er ins Leere. Wenn sich der Fessler und seine Partnerin aber darauf einlassen, was sie spüren und was gerade im Moment entsteht, kommen sie vielleicht nicht ganz ans geplante Ziel, erleben jedoch intensive Augenblicke.

Sowohl im BDSM-Bereich als auch bei den Shibari-Fesselungen sowie in der Tantra-Praxis steht der genitale Sex nicht im Mittelpunkt und ist nie das einzige Ziel. Es geht vielmehr darum, einen intimen Raum zu schaffen, in dem man sich ganz aufeinander einlässt. Dominant und submissiv im Kink-Bereich, Fesselnde und Gefesselter im Shibari, Gebender und Empfangende im Tantra: Es geht immer um die Kreation einer (temporären) Beziehung, einer ganzheitlichen Erfahrung, bei der Lust und Erregung durch die Dynamik in der Begegnung, durch die Stimulation des ganzen Körpers und durch den Einsatz von Techniken entsteht.

Unser ganzer Körper ist sinnlich: Gleich, ob es eine Feder ist, das warme Öl, der Knoten des Seils oder eine wohlgesetzte Brustklemme – all diese Gegenstände rufen Körperempfindungen hervor. Die Reize werden an unser Gehirn weitergeleitet. Wenn Sie dem Körper erlauben, zu reagieren, verändert sich Ihr Bewusstsein. Vielleicht machen Sie Yoga, kennen Akupressur oder haben einen Shiatsu-Masseur? Die Erklärung, warum Sie sich danach besser und entspannter fühlen, ist bei allen Techniken, auch bei Kink-Praktiken, gleich. Die Atmung und der Tonus der Muskeln verändern sich durch den Ablauf der Übungen oder Behandlungen. Wir werden entspannter und nehmen unseren Körper intensiver wahr. Noch intensiver werden die einzelnen Körperempfindungen, wenn unsere Sinne eingeschränkt sind. Damit arbeiten viele Kink-Techniken. Gefesselt in den Armen der Partnerin zu liegen, keine Bewegungsfreiheit zu haben, kann ein wohliges Gefühl von Geborgenheit und Gehaltensein bewirken. Oliver (27) und seine Freundin Sarah (29), die zur Paarberatung in unserer Praxis waren, haben genau das erfahren. Oliver beschreibt seine Erfahrungen so: »Ich habe oft nicht verstanden, warum meine Freundin sich zurückzieht. Sie mag ihren Körper und auch mich. Seit wir uns mit Fesseln beschäftigen, ist mir ein Knopf aufgegangen. Durch das Seil habe ich mehr Spielraum. Präsenz und Verbindung schaffe ich oft durch sehr kleine Bewegungen. Der eine unerwartete Zug am Seil, ein Druck länger und fester. Das Seil ist die Vergrößerung meiner Hände, ich kann sie dadurch festhalten, gleichzeitig aber ihren Körper an einer anderen Stelle berühren. So ziehe ich sie durch viele Varianten immer wieder in meinen Bann.«

Im Tantra ist die Massage ein zentrales Element, um eine Ganzkörpererfahrung, die alle Sinne miteinbezieht, zu erzeugen. Vom Scheitel bis zu den Zehenspitzen kann Erregung entfacht werden. Die Berührungen sind vielfältig, etwa auch mit Federn, Seidentüchern und öligen Händen. Die sich auf- und abschaukelnde Energie der Lust steht im Vordergrund. Ein hoher Erregungszustand wird von den Genitalien mit langsam streichenden Bewegungen in den ganzen Körper verteilt. Tiefes Ein- und Ausatmen wirkt dabei unterstützend. Herzstück der tantrischen Massage ist die Yoni- und Lingam-Massage. »Yoni« ist das tantrische Wort für den gesamten Genitalbereich der Frau, beinhaltet also die Vulva, Vagina, Gebärmutter und die Eierstöcke. »Lingam« ist das männliche Äquivalent dazu. Beiden Massagen ist gemein, dass sie durch achtsame, zärtliche und absichtslose Berührungen neue Erfahrungsräume schaffen. Nach einer vorbereitenden Ganzkörpermassage gibt es eine Abfolge von verschiedenen Griffen und Techniken, um die Yoni, den Lingam oder Anus zu stimulieren. Bei einer Tantra-Massage geht es neben der körperlichen Ebene der Lust und des Wohlbefindens um die intensive Auseinandersetzung mit Emotionen, die oft in den Genitalien gespeichert sind. Wichtig ist bei jeder Begegnung, die Verbindung von Herz und Sex herzustellen. Das gelingt, indem man symbolisch durch die Genitalien ein- und durch den Mund ausatmet. Dabei kann man sich vorstellen, wie der Atem durch den ganzen Körper wandert.

Unser Körper ist ein Instrument, der in den Szenen eingesetzt wird. Mit Fesselungen, Tantra-Massagen und Kink-

Praktiken können Sie das Spiel erweitern. Neben den Techniken können Spannung, Aufmerksamkeit und Erregung durch den bewussten Einsatz von Rhythmus, Tempo und Pausen erzeugt werden. »Ich bin immer sehr angespannt, ein Kopfmensch eben. In einem Tantra-Workshop, den wir besucht haben, haben wir unterschiedliche Berührungsarten geübt. Eine davon war, dass man mit der flachen Hand den Körper abklopft. Mal schneller, mal langsamer, mal fester. Da habe ich bemerkt, wie gut sich das anfühlt, ich entspannte, da ich den Schlägen folgte, und bin damit schneller in ein gutes Körpergefühl gekommen. Seitdem gehört dieses Schlagen zu uns. Meine Frau ist ein richtiger Profi geworden. Am meisten mag ich es, dass ich nicht weiß, wann sie die Intensität oder das Tempo wechselt. Da kann ich nichts mehr mitreden, und es fühlt sich richtig gut an, dass ich einmal nichts machen muss. Jetzt überlegen wir sogar, uns eine Peitsche zuzulegen.« Margit (42) und Chris (56) haben wir online beraten, weil sie nicht in Wien leben. Sie sind für uns ein wunderbares Beispiel, wie wenig das Ausleben einer sexpositiven Sexualität damit zu tun hat, ob man sich in Szenen bewegt oder nicht. Sie leben am Land und haben im Moment auch keine Ambitionen, ihren Lebensstil zu verändern, und trotzdem haben sie etwas für sich entdeckt, das ihre Sexualität nachhaltig verbessert.

Rhythmus und Intensität werden sowohl im BDSM, bei Fesselungen und im Tantra eingesetzt. Die immer gleichen Impulse erzeugen Langeweile, denn der Körper bekommt keine neuen Signale. Bei diesem Wechsel geht es auch um die richtige Dosierung, denn zu viel ist genauso schlecht wie zu wenig. Der Einsatz von Pausen ist wichtig, um wirklich erfassen zu können, was wir gerade empfinden. Pausen und das Nichtberühren sind ein Teil von Berührung. Wenigen Menschen ist bewusst, wie viel Energie in diesem Raum zwischen Hand und Körper spürbar ist. Erfahrene Fessler lassen etwa ihre Partner für einige Zeit gefesselt liegen. Da passiert dann nichts, und der Gefesselte kann nachspüren, in welchem körperlichen und emotionalen Zustand er ist. Was fühlt sich gut an? Entsteht Sehnsucht nach mehr? Welche Gefühle kommen hoch?

Fesselungen, ein Spiel im BDSM oder eine tantrische Übung enden nie abrupt. Ist es im BDSM das sogenannte »Aftercare« (»Nachsorge«), so sprechen wir im Tantra von »Sharing« und »Austausch«. Wir wissen, das normalerweise nach dem Sex wenig gesprochen wird. Können Sie sich vorstellen, Ihrem Partner zu erzählen, was Sie genau gefühlt haben? Was Sie am meisten genossen haben? Oder was Sie sich beim nächsten Mal anders wünschen? Oder genügt der Satz »Das war heute wieder gut«? Oft gerät ein derartiger Austausch zu negativem Feedback und bekommt einen Beigeschmack von Kritik. Oft haben Menschen Angst, das Erlebnis zu zerreden und die Romantik dabei zu zerstören. Wir wissen, wie sensibel solche Situationen sein können, wenn man darin nicht geübt ist. Wenn der Austausch gelingt, fühlt man sich verbunden und wertgeschätzt. Intimität ist die Folge. Ist das ein Ziel, für das es sich lohnt, etwas Neues in Ihrer sexuellen Kommunikation zu erlernen?

Im BDSM-Bereich oder nach einer Fesselung legt man besonderes Augenmerk auf die Nachsorge. Die Sessions können oft Stunden dauern, man isst nichts und trinkt kaum, der Körper hat einen hohen Energieverbrauch und es ist emotional intensiv. Manche Techniken hinterlassen Spuren auf der Haut. Alles muss deswegen unter Beobachtung bleiben. Versorgen und kümmern ist daher ein wesentlicher Bestandteil in der Kink-Szene und im Tantra. Man steht nicht einfach auf und geht. Je intensiver die Begegnung war, desto intensiver können emotionale Reaktionen ausfallen; sie können auch zeitversetzt auftauchen, sich verändern oder kippen. BDSM-Paare fragen häufig noch nach Tagen nach, halten Kontakt und kümmern sich um das Wohlergehen des anderen. Wie machen Sie es nach dem Sex? Drehen Sie sich um und schlafen ein? Halten Sie Ihren Partner im Arm? Ein erster Schritt wäre: Bedanken Sie sich bei Ihrer Partnerin, dass sie Ihnen diese gemeinsame Zeit geschenkt hat.

Auch wenn Sie keine Lust haben, sich mit dem spirituellen Überbau von Tantra zu beschäftigen und sich nicht vorstellen können, in Leder gekleidet in einen BDSM-Club zu gehen, dort ihren Mann an ein Andreaskreuz zu hängen, um ihn auszupeitschen: Wir ermuntern Sie dennoch, die Elemente bewusste Präsenz, Entschleunigung, Aufteilung der Rollen von Geben und Nehmen und ritualisierte Begegnung einmal auszuprobieren. Wir ermuntern Sie, neue Berührungsqualitäten in Ihr Repertoire aufzunehmen. Vielleicht verändert sich etwas in Ihrer sexuellen Begegnung. Zumindest kann es eine bereichernde Unterbrechung Ihrer Gewohnheiten beim Sex sein, die Ihnen neue Erfahrungen miteinander bringt. Machen Sie alles mit Gelassenheit und einer Portion Humor. Es geht nicht darum, dass Sie sich eine neue sexuelle Identität erschaffen, sondern darum, dass Sie Spaß und Leichtigkeit spüren. Erregung und Lust folgen auf dem Fuß. Probieren Sie es aus und lassen Sie sich überraschen, was sich verändert.

KAPITEL 5

Sexpositives Bewusstsein: Ein offener Blick auf sich selbst und in die Welt

Je enger unsere Vorstellung von Sexualität ist, desto enger ist sie auch von der Welt. Wenn man sich auf die sexpositive Reise begibt, kommt es zu einer umfassenden Neuorientierung in vielen Lebensbereichen, die den Blick auf die Welt erweitert. Wir verändern Verhaltensweisen und machen neue Erfahrungen. Sexpositive Menschen setzen sich mit ihren Grenzen und limitierenden Glaubenssätzen auseinander. Sie sind mutig und immer wieder bereit, neue Denkweisen einzuschlagen und etwas Neues auszuprobieren. Was ihnen fremd ist, nicht ihrem Lebensstil und ihren Vorlieben entspricht, bewerten sie weder negativ noch verurteilend. Sie sind neugierig, wie Menschen außerhalb ihrer eigenen Vorstellung leben und fragen interessiert nach. Gleichzeitig hinterfragen sie gesellschaftliche Normen, festgeschriebene Rollen und Systeme, die Menschen unterdrücken und hindern, frei und selbstbestimmt zu leben. Ihr Wertesystem ist von Offenheit, Toleranz und einem liebevollen Umgang miteinander geprägt.

Sexpositive Menschen entwickeln Selbstverantwortung, indem sie sich differenziert mit ihren Bedürfnissen, Erwartungen, Mustern und verdrängten Anteilen ihrer Persönlichkeit auseinandersetzen. Sie suchen die Lösung nicht im Gegenüber, sondern investieren in Selbsterfahrung und Selbstreflexion. Eine sexpositive Haltung fordert also heraus, uns auf vielen Ebenen mit uns selbst zu beschäftigen. Wir sind dann nicht mehr dieselben wie vorher. Unsere Persönlichkeit ist gereift und gewachsen – wir haben uns weiterentwickelt.

Klingt das zu schön, um wahr zu sein? Genau das war unsere Motivation, dieses Buch zu schreiben. Nicht nur wir selbst haben diese Erfahrung gemacht, sondern auch viele Menschen, die wir im Lauf dieser Reise kennen gelernt oder in unserer Praxis begleitet haben. Man könnte sagen: Die Frage, was wir sexuell wollen, ist die Teilmenge der Frage, was wir vom Leben wollen. Sexualität ist ein Teil unseres Lebens. Wenn wir uns dort verändern, dann verändern wir uns auch anderswo. Wir sind davon überzeugt: Lässt man sich auf alles ein, was mit Sexpositivität zusammenhängt, verändert sich das Leben – nicht nur in den Bereichen Intimität und Beziehung, sondern weit darüber hinaus.

Wollen, sollen, müssen: Was fühlt sich für mich gut an?

Alles beginnt mit dem eigenen Wollen: Damit man mit anderen in eine Begegnung treten kann, muss man wissen, was man will und was nicht. So banal das klingt, so schwierig ist es für viele, die eigenen Gefühle und Bedürfnisse wahrzunehmen und abzustecken, wo es Grenzen gibt. Das geht nicht von einem Tag auf den anderen. Um mich zu entdecken, muss ich mich mit ungemütlichen Fragen konfrontieren. Was will ich wirklich? Was mache ich nur, um anderen zu gefallen? Was denke ich, dass ich wollen soll?

Die amerikanische feministische Schriftstellerin und Aktivistin Jaclyn Friedman betitelt das erste Kapitel ihres Sex-Workbooks »What You Really Really Want – The Smart Girl's Shame Free Guide to Sex and Safety« mit der Aussage, dass Sie nicht bekommen können, was Sie mögen, bevor Sie nicht wissen, was Sie mögen. Klingt logisch. Nicht umsonst nennt sie ihr Buch ein Arbeitsbuch. Es bietet auf mehr als 300 Seiten zahlreiche Übungen und Texte. Ob Sie so ein Buch durcharbeiten, sich für eine Sexualberatung entscheiden oder sexpositive Workshops besuchen: Sie schaffen mit dieser Auseinandersetzung Bewusstheit, wo vorher Unbewusstes war.

Es erfordert Mut und Übung, immer wieder in sich hineinzufühlen und verschiedene Schichten des Erlebens und Empfindens freizusetzen. Doch nur so kann ich meinen authentischen Bedürfnissen näherkommen. Dabei ist es unumgänglich, den Blick auch in die Vergangenheit zu werfen. Wie wir sexuell sozialisiert wurden, hat einen Einfluss darauf, wie wir später Sexualität gestalten. Was wir in der Familie gesehen, gehört und erlebt haben, prägt unsere Vorstellung und Wahrnehmung von Körper, Beziehung und Lust. Sind wir in einer religiösen Familie groß geworden, in der Sexualität tabuisiert und mit Scham behaftet wurde, wird es für uns schwieriger sein, einen entspannten und offenen Zugang zu unserer Lust zu finden und sie positiv zu bewerten. Vielleicht gab es einen Unterschied in der Einstellung zu Sexualität zwischen Mutter und Vater. Wir kamen in einen Loyalitätskonflikt und waren hin- und hergerissen zwischen den Eltern.

Von klein auf wird uns gesagt, was wir tun und fühlen sollen. Kollisionen mit den eigenen Bedürfnissen sind dabei unvermeidbar. Wir sollen ruhig sitzen, wenn wir lieber herumspringen wollen. Wir sollen leise sein, wenn uns nach schreien ist. Wir sollen eine Mütze aufsetzen, wenn wir gar keine Kälte spüren. Oder wir spielen im Schwimmbad mit unseren Genitalien und werden darauf aufmerksam gemacht, dass wir das nicht machen sollen. Das alles verstehen wir im Kindesalter noch nicht. Wir fühlen uns in diesen Situationen jedoch unwohl. Wir spüren, dass etwas unstimmig ist. Mit der Zeit verinnerlichen wir diese Dissonanzen von Wollen, Sollen und Müssen. Ist es verwunderlich, dass wir als Erwachsene oft nicht mehr genau sagen können, was und wo es sich im Körper gut anfühlt und was wir wollen?

Es gibt viele prägende Menschen und Situationen in unserer Kindheit und Jugend. Die Erlebnisse in der Herkunftsfamilie, in der Schule und in der Peergroup sind außerdem eng verknüpft mit den Rollenbildern und Vorgaben der Kultur, in der wir leben. All das formt im Lauf der Entwicklung unsere Glaubenssätze, also unsere Überzeugungen – die allgemeinen sowie die zum Thema Sexualität.

Glaubenssätze überdenken: Wie kann ich mich noch verhalten?

Es gibt Menschen, die immer wieder dieselben negativen Erfahrungen machen und ähnliche Konflikte erleben. Sie sind in Mustern und Dynamiken gefangen, weil sie für ihr Leid andere verantwortlich machen. Sie haben es schwer, weil sie nicht sehen, welchen Anteil sie an der Situation haben. Sie sind sich selbst ausgeliefert und haben keine Möglichkeit, etwas zu verändern. Unser Denken und Handeln sowie unsere Wahrnehmung werden von Glaubenssätzen beeinflusst – also den Annahmen, wie wir selbst und die Welt um uns herum gestaltet sind. vieles kann sich im Leben zum Positiven verändern, wenn man beginnt, sich mit Glaubenssätzen auseinanderzusetzen.

Der Begriff »Glaubenssätze« wurde vor allem in Zusammenhang mit NLP (Neurolinguistisches Programmieren) durch die Begründer John Grinder, Richard Bandler und Robert B. Dilts bekannt. Glaubenssätze sind tief verankerte Überzeugungen über die Welt und über uns selbst als Teil dieser Welt. Sie sind deswegen auch Aussagen, die

Ereignissen im Leben eine spezifische Bedeutung, Wertung, Ursache oder Wirkung zuschreiben. Durch diese Wahrnehmungsfilter strukturieren wir die Welt, ordnen Erlebnisse ein und treffen auf deren Basis Tag für Tag Entscheidungen. Glaubenssätze lenken also unser Leben – oft mehr, als uns lieb ist. Sie sind unser Modell von der Welt. Sie sind die Brille, durch die wir blicken.

Glaubenssätze sind grundsätzlich weder schlecht noch gut. Sie können uns motivieren, fördern und uns unterstützen, das Leben in all seiner Fülle zu genießen – und glücklich zu sein. Genauso gut können sie uns einschränken, Lebendigkeit verhindern und uns destruktiv in den Abgrund ziehen – und zum Unglück beitragen. Glaubenssätze, die einem das Leben erschweren, kann man ändern. Wenn man will. Man kann sie durch neue, lebensbejahende und konstruktive Überzeugungen ersetzen. Dazu muss man sich bewusstwerden, welche Glaubenssysteme das eigene Handeln und Erleben sowie die Gefühlslage beeinflussen.

Karin hat den Glaubenssatz, dass sie nicht begehrenswert ist. Sie hat das in Variationen und Andeutungen von ihrem Vater immer wieder gehört. Er hat ihr das Gefühl gegeben, sie sei zu dick und deswegen unattraktiv und müsse erst abnehmen, bevor sich ein Mann wirklich für sie interessieren kann. Mit diesem Glaubenssatz geht sie durch die Welt und trifft Karl. Sie werden ein Paar. Obwohl sie sich im Alltag gut verstehen, funktioniert es sexuell nicht. Karin kann sich nicht hingeben, findet keine Freude an der erotischen Begegnung, wird unsicher und verhält sich ihrem Freund gegenüber immer abweisender. Ein Gespräch darüber ist nicht möglich. Am Ende verlässt Karl die Beziehung. Karins Verhalten wurde mit Karls Irritation und Ablehnung beantwortet. Karin ist frustriert und verzweifelt. Sie wurde in ihrer Unsicherheit bestätigt, keine begehrenswerte Frau zu sein, bei der ein Mann bleiben will. Man kann dazu auch »sich selbst erfüllende Prophezeiung« sagen. Karin zieht sich zurück. Sie achtet nun noch weniger auf ihren Körper, ernährt sich ungesund, trinkt und raucht zu viel. Die Aussicht auf eine liebevolle, erfüllende Beziehung rückt in noch weitere Ferne.

Was passiert, wenn wir unsere Glaubenssätze zur Sexualität infrage stellen? Die Auslöser, damit das passiert, können sehr unterschiedlich sein. Der Klassiker ist, dass wir unzufrieden sind und der Leidensdruck so groß geworden ist, dass wir uns auf die Suche begeben. Nach dem Motto: Da muss es doch noch mehr geben. Das kann doch nicht alles gewesen sein. Oder auch: Ich halte das so nicht mehr aus. Vielleicht suchen wir Rat und neue Ideen in Büchern und im Internet, vielleicht buchen wir das eine oder andere sexpositive Selbsterfahrungsseminar. Vielleicht trennen wir uns vom aktuellen Partner in der Hoffnung, dass wir damit den Weg für neue Möglichkeiten frei gemacht haben. Es kann aber auch sein, dass wir denken: So, wie es ist, ist es gut oder zumindest ganz in Ordnung. Wir haben keine Motivation, etwas zu ändern.

Doch dann tritt ein Ereignis in unser Leben, das alles auf den Kopf stellt. Wir erleben eine Krise, wie etwa eine Affäre, eine ungewollte Trennung oder Krankheit – oder ein ähnliches existenzielles oder traumatisches Erlebnis, das das Leben maßgeblich verändert. Jetzt verfällt die bisherige Ordnung und wir müssen uns neu orientieren. Von einem Moment auf den anderen sind wir emotional und intellektuell herausgefordert, weil unsere bisherigen Glaubenssätze nicht mehr passen. Der Rahmen, in dem wir die Welt erleben, hat sich verändert oder erweitert. Nehmen wir diese Herausforderung an, können wir wachsen und uns weiterentwickeln. Nehmen wir sie nicht an, bleiben wir in unserem Muster gefangen oder werden vielleicht darin sogar noch rigider. Manchmal ist es ein positiver Auslöser, der uns verändert. Vielleicht waren wir auf der Suche und neugierig. Vielleicht sind wir an einem sexpositiven Ort gelandet. Vielleicht haben wir einen inspirierenden Menschen kennen gelernt. Nicht aus einem Mangel heraus, sondern aus einer Fülle von Interessen und einer offenen Haltung tauchen wir mit Begeisterung in die neue Welt ein.

Nehmen wir zum Beispiel Ariel. Er ist 30 Jahre alt, kommt ursprünglich aus Israel und schließt gerade sein zweites Studium in München ab. Er lernt die 52-jährige Therese beim Ausgehen kennen. Therese hat viel erlebt und bewegt sich in der sexpositiven Welt. Sie hat Tantra-Workshops besucht, fährt jedes Jahr auf ein Festival und kennt viele Menschen in dieser Umgebung. Die beiden sind trotz ihrer unterschiedlichen Sozialisation und Herkunft voneinander angetan und schon bald beginnen sie eine Liebschaft. Ariel ist fasziniert von der Art, wie Therese mit Sexualität umgeht. Sie spricht offen über ihre Wünsche, über ihre Fantasien, aber auch über ihre Unsicherheiten. Abgesehen von den vielen neuen Erlebnissen und sexuellen Höhenflügen verändert sich bei Ariel etwas fundamental: Er stellt zum ersten Mal in seinem Leben vieles infrage, was bis dahin für ihn selbstverständlich war. Er kommt so nicht nur Therese näher, sondern vor allem sich selbst. Einige Glaubenssätze über sich und die Welt geraten ins Wanken. Tief verwurzelt waren bis dahin seine konservativen, einschränkenden Überzeugungen, wie Männer und wie Frauen (sexuell) sind oder zu sein haben. Er dachte, Männer müssen immer aktiv sein und das sexuelle Geschehen dominieren. So ist er nie mit seiner empfangenden Seite in Kontakt gekommen. Für Therese ist es selbstverständlich, beide Rollen, die gebende und die empfangende, einzunehmen. Nachdem es für Ariel schwer ist, sein Verhalten einfach zu verändern, geht Therese es spielerisch an. Sie fesselt ihn beim dritten Date. Dabei erlebt Ariel, wie es ist, einmal nichts tun zu können und die Verantwortung an Therese abzugeben. Noch nie hat das eine Frau mit ihm gemacht. Diese Erfahrung ist einschneidend. Er erlebt zum ersten Mal, dass seine Erregung, seine Lust und auch sein Gefühl von Männlichkeit nicht davon abhängen, ob er aktiv den Sex steuert.

Gehen wir noch einmal zurück zu Karin. Für sie war es leichter, mit dem inneren Bild der nicht begehrenswerten Frau im Opferstatus zu bleiben. Sie hätte die sich anbahnende Beziehungskrise mit Karl auch zum Anlass nehmen können, sich zu bewegen und sich mit ihren Glaubenssätzen auseinanderzusetzen. Dann wäre sie vielleicht fähig gewesen, ihr Verhalten zu verändern oder zumindest mit Karl in ein Gespräch zu kommen. Wer weiß, was dann passiert wäre!

Schreiben wir Karins Geschichte neu. Nehmen wir an, ihre beste Freundin Erika erzählt ihr begeistert von einem Tantra-Seminar für Frauen, das sie letztlich besucht hat. Nehmen wir weiter an, dass sich Karin von Erikas positivem Feedback anstecken lässt. Tapfer und mutig bucht Karin den nächsten Termin für diesen Workshop. In vielen Übungen kommt sie mit ihrem schlechten Selbstwert und ihrem Bild von Frausein in Kontakt. Der liebevolle und verständnisvolle Umgang miteinander in der Frauengruppe sowie die achtsame und erfahrene Leiterin des Workshops ermöglichen es ihr, sich genauer mit ihrer eigenen Ablehnung ihres Körpers, mit ihrer Scham und ihrem negativen Selbstbild zu beschäftigen. Es tut ihr gut, zu sehen, dass sie nicht allein mit diesen Problemen ist. Sie wird behutsam bei der Trauer begleitet, die sie erlebt, als sie erkennt, dass ihre Glaubenssätze sowie ihr daraus resultierendes Verhalten ihr viele Jahre Lebensfreude und Lebendigkeit, Freunde und Partner gekostet haben. Diese Erfahrung hat ihr die Tür zu mehr Bewusstheit und Selbstreflexion geöffnet.

Immer wieder begegnen Karin auch danach in verschiedenen Situationen ihre alten Glaubenssätze. Der Unterschied zu früher ist, dass sie die abwertenden Stimmen in sich erkennt. Diese Bewusstmachung hilft ihr, gegenzusteuern. Beim Abschiedsritual im Frauenseminar schließt sie mit sich selbst einen Pakt: Ab jetzt wird sie sich um ihren Körper und um ihr Körpergefühl kümmern. Sie hat Selbstverantwortung übernommen, hat also aufgehört, andere für ihr Unglück verantwortlich zu machen. Dadurch hat sie einen ersten Schritt hin zu Selbstakzeptanz und Selbstliebe gemacht. Erst jetzt kann sie sich auch langsam ihren Wünschen und Bedürfnissen annähern. Das wirkt sich nicht nur auf ihre Sexualität aus, auch ihre Ausstrahlung hat sich verändert. Das Thema Selbstverantwortung begegnet ihr auch in der Arbeit und in ihren sozialen Kontakten. Sie kann nun beobachten, wie negative Gedanken negative Handlungen und positive Gedanken positive Handlungen nach sich ziehen. Als ihr das immer stärker bewusst wird, verändert sich ihr Leben. Sie schafft es, in der Arbeit ein Projekt an Land zu ziehen, das sie sich immer gewünscht hat. Lange hatte sie gedacht, dass sie nicht gut genug dafür sei und sie diese Aufgabe nicht verdient hätte. Außerdem hatte Karin schon lange Lust gehabt, Stepptanz zu lernen, sich bisher aber nicht getraut. Nun hat sie ein neues Hobby gefunden, das ihr Spaß macht, bei dem sie neue Freunde gefunden hat und das sich obendrein vorteilhaft auf ihr Körpergefühl auswirkt.

Abhängigkeit oder Selbstverantwortung: Wer kümmert sich um mich?

Menschen, die im Opferstatus bleiben, haben oft ein Selbstwertproblem. Sie neigen dazu, andere Menschen zu funktionalisieren, um ihre emotionalen Bedürfnisse zu befriedigen. Besonders in Partnerschaften passiert das oft. Der Partner soll ihrem Leben Sinn und Existenzberechtigung geben und sie von der Bedeutungslosigkeit erlösen. Natürlich können wir uns gegenseitig ermutigen und inspirieren, das passiert auch oft und ist wichtig. Aber für etwas brennen und dem Leben einen Sinn geben, das müssen wir selbst. Das kann uns niemand abnehmen. Wir müssen uns auf den Weg machen und etwas finden, das wir gerne tun und das für uns sinnstiftend ist – etwas, das seinen Wert von der Bewertung anderer unabhängig macht. Diese Aufgabe haben wir ein Leben lang. Bis zum Schluss geht es darum, unsere eigene Vision zu verwirklichen, im Beruf oder mit einem Hobby, kreativ oder altruistisch, forschend oder dienend. Unseren individuellen Platz in dieser Welt zu haben macht uns dann glücklich, wenn wir keine Claqueure (Beifall-Klatscher) brauchen. Menschen, die das nicht können und sich in vielen Situationen als Opfer empfinden, haben eine fremdbestimmte, starre Identität. Sie sind abhängig. Abhängigkeit macht ängstlich, frustriert und befriedigt nicht.

Die Grundlage dafür, dass wir uns unabhängig vom Urteil unserer Umwelt wohl fühlen und persönlich wachsen können, ist die Selbstliebe. Wie zärtlich und mitfühlend können Sie sich begegnen? Die inneren Stimmen, die uns verurteilen und uns Scham und Schuld aufbürden, sind oft hart und unerbittlich. Selbstliebe und Selbstfürsorge sind Einstellungen, die man zu sich selbst hat. Praktizieren wir sie, akzeptieren wir uns auch in schwierigen Momenten und begegnen uns selbst mit positiven Gedanken. Eine kleine Übung dazu, inspiriert vom Buch »Sex Positiv – Redefining our Attitudes to Love and Sex« unserer amerikanischen Kollegin Kelly Neff: Schreiben Sie einen Satz auf Ihren Badezimmerspiegel, der Sie beflügelt, und lesen Sie ihn so oft, bis Sie ihn verinnerlicht haben. Der Satz könnte »Ich bin wertvoll« oder »Ich bin liebenswert« lauten. Welchen Satz wollen Sie auf Ihren Spiegel schreiben?

Karin hat sich innerhalb weniger Wochen nach ihrer einschneidenden Erfahrung im Tantra-Frauenworkshop stark verändert. Sie fühlt sich viel besser als davor und wirkt nun auch anders auf ihre Umwelt. Bald wird auch ihr Liebesleben eine neue Dimension erfahren. Sie ist offener und zugänglicher geworden. Sie wird in Hinkunft ihre Wünsche nicht nur spüren, sie akzeptieren und willkommen heißen, sondern auch dem jeweiligen Partner kommunizieren können. Das ist die Voraussetzung für ein erfülltes Sexleben. Außerdem wird sie weiter in sich selbst investieren. Sie wird sich damit beschäftigen, was ihr guttut, körperlich, geistig und seelisch. Karin hat bereits das nächste Seminar gebucht und ist neugierig, was es noch zu entdecken gibt. Inzwischen empfindet sie es nicht mehr als Bürde, sich ihren einschränkenden Überzeugungen zu widmen. Sie hat erfahren, wie spannend der Weg ist, auf den sie sich begeben hat. Ihre Transformation hat begonnen und wird nie mehr enden – denn die Bewusstwerdung kann nie abgeschlossen sein. Sie ist ein Prozess, der immer weitergeht.

Jeden Tag können wir uns damit auseinandersetzen, was unsere Lebendigkeit einschränkt und was uns daran hindert, in unsere umfassende Lebenskraft zu kommen. Wenn wir Verantwortung für unsere Gefühle übernehmen, indem wir uns damit beschäftigen, wie wir geworden sind, die wir heute sind, werden wir erwachsen. Karin erwartet nun nicht mehr, dass ein anderer für ihren Selbstwert und ihre Wünsche zuständig ist.

Das Selbst unterscheiden: Wer bin ich und wer bist du?

David Schnarch, amerikanischer Sexual- und Paartherapeut, schreibt in seinem Bestseller »Intimität und Verlangen«, dass ein hoher Differenzierungsgrad notwendig ist, um in authentische Begegnungen zu kommen. Mit »Differenzierung« meint er die Fähigkeit, die eigene Identität von der des Gegenübers unterscheiden zu können. Diese Differenzierung umfasst vier Fähigkeiten: Die erste ist, ein flexibles Selbst zu entwickeln, das nicht panisch auf Veränderungen reagiert.

Wenn die Partnerin neue sexuelle Wünsche äußert oder sich in einer anderen Hinsicht weiterentwickelt, wird das begrüßt – oder zumindest gleichmütig aufgefasst. Viele Menschen reagieren darauf jedoch negativ und fühlen sich bedroht, weshalb sie sich auf den »kleinsten gemeinsamen Nenner« einigen. Wir haben diesen Ausdruck vom bekannten deutschen Sexual- und Paartherapeuten Ulrich Clement, bei dem wir studiert haben, geborgt. Wir finden, dass er treffend auf den Punkt bringt, was bei so vielen Paaren Ausgangspunkt ihrer Lustlosigkeit ist: Im kleinsten Überschneidungssegment der Lust zu agieren, macht müde und ist langweilig. Wenn wir immer wissen, was als nächstes kommt, werden wir nicht angeregt. Warum aber einigen sich so viele Paare auf den kleinsten gemeinsamen Nenner? Es ist die Angst vor Ablehnung. Sie ist so groß, dass man Wünsche und Unterschiede lieber für sich behält und den hohen Preis, keine Lust mehr zu haben, bezahlt. Mit der sexpositiven Haltung begegnen wir dem Unbekannten mit Neugier und Interesse und fühlen uns nicht bedroht. Im besten Fall fühlen wir uns inspiriert und freuen uns über neuen Input.

Max und Lara liegen eines Sonntagsmorgens vertraut und blödelnd im Bett. In ihrer ausgelassenen Stimmung beginnen sie, sich über Fantasien austauschen. Max erzählt Lara, dass er manchmal beim Sex an Männer denkt. Lara fragt und bohrt weiter. Es ist eine neue Information für sie – und schlagartig ist das Blödeln vorbei. Sie lässt nicht locker, bis Max gesteht, dass er bisexuell ist. Die beiden sind seit elf Jahren verheiratet und Lara hat bis dahin von dieser Seite ihres Mannes keine Ahnung gehabt. Lara ist schockiert. Sie fühlt sich von Max betrogen und bewertet ihr bisheriges Beziehungsleben negativ. Obwohl sie all die Jahre ein ausgeglichenes Miteinander hatten und mit ihren Kindern und den gemeinsamen Hobbys ein feines Leben führten, empfindet Lara es auf einmal als einzige Lüge. Hinsichtlich ihres Sexuallebens vermisste Lara manchmal Leidenschaftlichkeit und Aufregung, gab sich aber im Großen und Ganzen damit zufrieden. Seit sie weiß, dass Max beim Masturbieren von Männern fantasiert und ab und zu heimlich in einem Club Sex mit Männern hatte, steht zunächst ihr Ehe- und Intimleben auf dem Kopf.

Es ist nun Laras Entscheidung, wie diese Geschichte weitergehen kann. Sie kann sich empört abwenden. Wenn sie diesen Teil von Max nicht akzeptieren kann, wird sie ihn als ihren Lebenspartner in Hinkunft ablehnen und sich vielleicht sogar von ihm trennen. Das Gefühl dahinter ist bitter und wird traumatische Spuren hinterlassen. Wenn sie aber über ein starkes und flexibles Selbst verfügt, kann sie mit diesem neuen Wissen produktiv umgehen. Dann anerkennt sie die bisexuellen Wünsche und Fantasien ihres Mannes und verfällt nicht in Angst, ihm nicht zu genügen. Das macht es ihr und auch ihm möglich, offen zu bleiben und sich weiterhin anzuvertrauen. Max und Lara führen viele Gespräche und kommen sich näher, anstatt sich voneinander zu entfernen. Eine besondere Form der Intimität, die sie bisher in all den elf Jahren nicht miteinander erlebt hatten, entsteht. In dieser Stimmung vereinbaren sie, dass Max ab nun die Freiheit hat, seiner Neigung nachzugehen. Wie auch immer er es machen wird: Wichtig ist für beide, dass Max in Kontakt mit Lara bleibt. Sie besprechen immer wieder, wo ihre Grenzen sind. Sie sind geduldig miteinander und haben Mitgefühl, wenn einmal unangenehme Gefühle aufkommen. Anfangs kämpft Lara mit Eifersucht und Verlustangst. Außerdem ist es für sie wichtig, dass Max bei seinen Abenteuern mit Männern auf Safer Sex achtet und immer ein Kondom verwendet.

Und noch etwas ist im Zuge dieses Prozesses passiert: Lara gesteht sich ein, dass sie der Gedanke, mit zwei Männern gleichzeitig Sex zu haben, anturnt. Sie hätte es nicht gewagt, diesen Wunsch vor Max – ja, noch nicht einmal vor sich selbst! – zu äußern. Viel zu groß war ihre Angst, dass Max abwertend und ablehnend reagieren könnte. Wenn sie das gewusst hätte! Es prickelt und ist aufregend, als sie auf der Dating-Plattform »Joyclub« ein Profil anlegen und gemeinsam einen Liebhaber für Spiele zu dritt suchen. Das eröffnet eine neue Dimension in ihrem Liebesleben. Max und Lara werden in den nächsten Jahren noch viel Spaß haben. Für beide haben sich viele neue Perspektiven ergeben, weil Lara die anfängliche Irritation ausgehalten hat. Sie ist nicht nur in der Beziehung geblieben, sondern hat die Veränderung auch als Chance und Bereicherung gesehen. Ihr Sex- und Beziehungsleben ist lebendiger geworden, als es in den vergangenen Jahren je war.

Die zweite Fähigkeit, die Menschen mit einem hohen Differenzierungsgrad haben, ist die, sich selbst beruhigen zu können. Wenn Ängste und Unruhe hochkommen, werden sie davon nicht überwältigt. Sie haben Strategien und Techniken erlernt, gegenzusteuern und ihre Umwelt nicht als Feind zu begreifen. Die amerikanische Psychologin Barbara I. Fredrickson hat jahrelang zu Einfluss und Wirksamkeit positiver Gefühle auf Psyche und Gesundheit geforscht. In ihrem Buch »Die Macht der guten Gefühle« finden wir viele Anregungen dafür, zu einer positiven Grundhaltung zu kommen; sie ist eine Voraussetzung dafür, gegen Ängste steuern zu können. Allzu oft verlieren wir uns im Grübeln und lassen uns davon in die Tiefe ziehen. Ein negativer Gedanke zieht den nächsten negativen Gedanken mit sich. Eine unheilvolle Spirale entsteht, die im schlimmsten Fall in einer Panikattacke oder sogar in einer Depression enden kann. Ähnlich wie bei Glaubenssätzen gilt auch bei Ängsten das Gebot der Unterbrechung: Kommt der Gedanke oder die Situation, die Angst macht, begleitet von körperlichen Symptomen wie Herzklopfen oder Schweißausbrüchen, dann tut es gut, sich auf den Atem zu konzentrieren. Tief ein- und auszuatmen wirkt Wunder. Man kommt ins Hier und Jetzt. Viel zu selten achten wir auf den Atem, obwohl wir mit einer bewussten Atmung vieles positiv beeinflussen können. Das bewusste Atmen beruhigt die Gedanken. Es unterbricht das Urteilen und Kritisieren, das uns Sorgen macht und uns hindert, uns dem Leben hinzugeben. Übrigens auch beim Sex.

Nur, wenn wir uns hingeben können, können wir lustvoll sein und Spaß und Freude an uns und unseren Partnern haben. Beruhigen kann man sich auch dadurch, dass man an etwas Schönes denkt oder an etwas, wofür man dankbar ist. Wie schlimm die Situation auch immer scheinen mag, es gibt immer etwas, das man positiv sehen kann: die warme Dusche am Morgen, der Sonnenstrahl, der durchs Fenster blinzelt, das nette Gespräch mit meiner Schwester, das gute Essen vom Vorabend, der Orgasmus beim Masturbieren letzte Nacht, die neue Blüte des Kaktus, die Freude an einer Aufgabe, das Lächeln, das ich mit dem Verkäufer ausgetauscht habe, der Geruch des Liebhabers beim Sex, die feine Beziehung mit der Großmutter. Oder ich achte auf meinen Körper, meine warme, weiche Haut. Ja es klingt banal, aber es wirkt. Probieren Sie es aus! Und wenden Sie nicht gleich ein: »Ja, aber bei mir ist das nicht so. Mein Körper schmerzt, meine Großmutter hat mich emotional missbraucht, masturbiert habe ich schon lange nicht mehr und Kakteen kann ich nicht leiden.« Hören Sie diese Stimmen? Fangen Sie noch heute mit einem Dankbarkeitstagebuch an. Sie werden merken, wofür Sie in Ihrem Leben dankbar sein können, wenn sie den Fokus darauf haben. Jeder Tag beginnt und endet mit einem schönen, heiteren Gedanken. Ist das erst einmal internalisiert, gelingt es auch in emotionalen Ausnahmesituationen, dorthin zu denken, wo die Entspannung eintritt.

Neben den positiven Gedanken ist es auch hilfreich, immer wieder einmal gar keine Gedanken zu haben, das Gehirn zur Ruhe kommen zu lassen. Regelmäßiges Meditieren ist ein Garant für eine gute Stressbewältigung. Durch die geistige Präsenz, die eintritt, wenn man lernt, Emotionen, Gedanken und Körperempfindung zu beobachten, schafft man die Möglichkeit, starre Reaktionsmuster zu erkennen und zu überwinden. Ähnlich wie beim Erkennen von Glaubenssätzen ist das der Schritt in die Freiheit. Wir werden flexibler und durchlässiger.

Wenn wir uns selbst beruhigen können, schaffen wir es, maßvoller zu reagieren. Das ist die dritte von David Schnarch genannte Eigenschaft, die wir brauchen, um zu einem starken Selbst zu kommen. Reagieren wir maßvoll, werden wir nicht übermäßig laut und aggressiv, drohen wir weder mit Trennung noch gehen wir nachhaltig aus dem Kontakt. Wir können bleiben und uns in unser Gegenüber einfühlen, ohne uns selbst dabei zu verlieren. In jeder Form von Beziehung begegnen wir früher oder später schwierigen Situationen. Zu den selbst erzeugten kommen unvorhergesehene Ereignisse dazu, die uns manchmal am liebsten das Weite suchen lassen würden. Flucht ist ein bekanntes Mittel, um aus einer unangenehmen, irritierenden oder schmerzvollen Situation auszusteigen.

Manchmal mag das Gehen der richtige Weg sein. Oft wäre jedoch die bessere Empfehlung, zu bleiben und sich mit den Problemen auseinanderzusetzen. Schnarch nennt diesen vierten Aspekt der Balance eines erwachsenen Selbst die »sinnvolle Beharrlichkeit«. Damit ist gemeint, dass wir bereit sind, Aufmerksamkeit, Zeit und Energie zu investieren, um an jeder Situation zu wachsen. Wie schwer das oft ist, wissen wir alle. Als Max Lara von seinen bis dahin heimlichen bisexuellen Abenteuern erzählt, spürt sie im ersten Moment einen beinahe unwiderstehlichen Fluchtimpuls. Sie hat dem jedoch nicht nachgegeben und sich stattdessen »emotional gedehnt«, das heißt, sie ist persönlich gewachsen und hat so auch Max geholfen, sich weiterzuentwickeln. Am Ende ist es für beide besser geworden. Schmerzen und Unbehagen lassen sich leichter ertragen, wenn man ein höheres Ziel vor Augen hat. Das eigene Ego muss dafür zur Seite gestellt werden.

Schattenseiten beleuchten: Was will ich an mir selbst nicht sehen?

Wenn wir uns mit uns selbst beschäftigen, begegnen wir auch unbewussten Persönlichkeitsanteilen. Der Schweizer Psychoanalytiker C.G. Jung hat dafür den Begriff »Schattenseiten« geprägt. Das sind jene Teile unserer Persönlichkeit, die wir nicht kennen, verdrängen oder zutiefst ablehnen. Alles, was wir neben unserer bewusst gewählten Einstellung inakzeptabel finden, verlagert sich in den Schatten und führt dort ein munteres Dasein. Wie wir es auch bei den Glaubenssätzen gesehen haben, lösen sich Schattenseiten selten von selbst auf. Bewusstseinsarbeit ist dafür nötig.

Der Schatten ist unsere dunkle Seite, die negative menschliche Eigenschaften und Emotionen wie Gier, Wut, Aggression, Sadismus, Selbstsucht, Neid und Machtstreben repräsentiert. Diese Emotionen lösen oft jene Handlungen aus, mit denen Menschen in Konflikte kommen. Sie lügen, verraten, intrigieren, stehlen, wenden Gewalt an, werten ab oder manipulieren, um nur einige zu nennen. Oft kostet es viel Energie, unser Selbstbild vor diesen meist wenig schmeichelhaften Wesenszügen zu schützen. Wie viel einfacher ist es doch, die Schatten der anderen zu beobachten und zu benennen. Das ist oft ein Thema in Beziehungen – niemand ruft mehr in uns wach als Menschen, mit denen wir eine enge Beziehung haben. Gezielt legen sie die Finger auf unsere wunden Punkte, und gezielt legen wir unsere auf ihre.

Sich mit seinen Schattenseiten zu konfrontieren ist ein mühsamer, herausfordernder und oft schmerzhafter Prozess, ebenso aber ein lohnender – denn nichts Geringeres als ein Stück mehr innere Freiheit wartet auf uns. Wir werden kreativer, haben mehr Energie und können ein authentischeres Leben führen. Besonders in der Sexualität begegnen wir unseren Schatten. Wir ermuntern alle, die ihr Sexleben bereichern wollen, sich mit ihren Schatten auseinanderzusetzen.

Die Arbeit mit Schatten ist unumgänglich, um eine reife Persönlichkeit zu werden und damit eine bewusste Sexualität leben zu können. Was passiert, wenn wir uns nicht mit den Schatten auseinandersetzen? Wir tun dann Dinge, die wir eigentlich nicht wollen und die wir später bereuen. Wir verhalten uns unauthentisch und manipulativ. Vielleicht schlafen wir mit unserer Partnerin, obwohl wir das gar nicht wollen. Vielleicht haben wir Angst, sonst verlassen zu werden. Oder wir lügen sie an und leben unsere Sexualität heimlich außerhalb der Beziehung aus, weil wir die möglichen Konsequenzen nicht ertragen. Wir schaden mit solchen Verhaltensweisen nicht nur uns selbst, sondern auch unseren Liebsten und anderen Menschen, denen wir nahe sind. Oft leben Menschen mit ihren Schattenseiten so, als ob sie Angst hätten, dass ihre Schatten entdeckt werden. Sie sind innerlich immer auf der Hut und vermeiden echte Nähe und Intimität.

Durch die Auseinandersetzung mit sich selbst kommt man in einen Zustand, mit dem es auch gelingt, großzügig sein. Dann können wir über Fehler der anderen hinwegsehen oder diese nicht größer machen, als sie sind. Meine Partnerin hat mich angelogen. Das ist nicht schön und kann mein Vertrauen erschüttert haben. Ich kann nun meine Partnerin verurteilen oder mich in meiner Verletzlichkeit zeigen und gleichzeitig ihre Verletzlichkeit sehen. Wenn ich gut mit mir verbunden bin, dann schaffe ich es, auch in dieser Situation die positiven und liebenswerten Anteile ihres Wesens zu sehen. Die Lüge ist nur ein Teil von ihr. Indem ich sie nicht verurteile, im Gespräch bleibe, meiner Kränkung oder Enttäuschung Ausdruck verleihe und trotzdem interessiert bin, was es mit dem Lügen auf sich hat, kann ich ihr beim Wachsen helfen und wachse selbst ein Stück mit. Wenn wir unsere eigenen Schattenseiten gut kennen und uns mit ihnen produktiv auseinandergesetzt haben, ist das eine gute Voraussetzung, auch mit den Schattenseiten anderer Menschen umgehen zu können. Aufgrund unserer eigenen Selbsterkenntnis entwickeln wir mehr Mitgefühl. Wir sehen und spüren die Schattenseiten anderer und können verständnisvoller reagieren. Oft stoßen die Schattenseiten der anderen uns deswegen so stark ab, weil sie unsere eigenen auslösen. Dann nehmen wir die anderen Personen nur mehr als Schatten wahr – was ihnen natürlich nicht gerecht wird.

In der sexpositiven Welt gibt es unzählige Möglichkeiten, sich mit seinen eigenen Mustern, Glaubenssätzen und Schattenseiten auseinanderzusetzen. Diese Erfahrungen führen zu einem differenzierten Selbst. Dann ist man nicht mehr abhängig von der Bestätigung durch andere. Man kennt seinen eigenen Wert, kann sich beruhigen und reagiert auf Ablehnung nicht panisch. Man kann Bindung und Nähe zu einer anderen Person herstellen, ohne seine Autonomie zu verlieren. Menschen, die das nicht können, verlieren sich schnell im anderen. Die einen müssen bei großer Intimität und die anderen bei Konflikten und Differenzen auf Distanz gehen. Das ist keine gute Voraussetzung für ein liebevolles, wachstumsförderndes Miteinander. Menschen, die sich mit sich selbst auseinandersetzen, ruhen in sich und können dennoch oder gerade deswegen ihr Herz für andere öffnen. Sie schaffen Verbindung zu ihren Mitmenschen – nicht nur zu ihren Liebespartnern – und begegnen ihnen mit Interesse, Leidenschaft und Neugier.

KAPITEL 6

Regeln abseits von Konventionen und Tabus: Konsens aushandeln

In der sexpositiven Bewegung ist Konsens die Basis jeder sexuellen Interaktion. Sie fragen sich nun, warum Sie dieses Thema interessieren sollte? Sie praktizieren schließlich keinen Kink-Sex und Sex mit Fremden kommt bei Ihnen ohnehin nie vor? Die meisten von uns denken, dass dieses Einverständnis nicht mehr nötig ist, gerade, wenn sie in langjährigen Beziehungen mit fixen Partnern leben. Immerhin haben sie sich dieses Einverständnis schon vor Jahren gegeben! Sie kennen sich in- und auswendig, auch im Bett. Damit setzen Sie wie die meisten Menschen voraus, dass schon alles in Ordnung ist, was passiert. Das ist allerdings nicht der Konsens, wie er in der sexpositiven Bewegung propagiert wird, sondern ein Kompromiss, bei dem es darum geht, etwas zu finden, das beide nicht völlig ablehnen.

Wenn Sie wirklich wissen wollen, was Ihr Partner sexuell als angenehm empfindet, was er will oder was er ausprobieren will: Fragen Sie! Der Begriff »Konsens« beinhaltet nicht nur die Zustimmung oder Ablehnung, sondern auch das aktive Fragen. Mit Ihren Fragen zeigen Sie Ihrem Partner, dass Ihnen seine Bedürfnisse wichtig sind und Sie sich um sein (sexuelles) Wohlbefinden kümmern. Das konsensuale Konzept geht davon aus, dass es unendlich viele Möglichkeiten für eine sexuelle Begegnung gibt. Wenn Sie fragen und darüber sprechen, worauf Sie im Moment Lust haben, dann stellen Sie Konsens her. Darum geht es bei sexpositiver Sexualität.

Wir werden in Kapitel 7 noch darüber schreiben, wie Konsens bei Events, mit fremden Menschen und in ungewohnten Situationen hergestellt wird. Konsens ist das Fundament, auf dem in der sexpositiven Bewegung alles aufgebaut ist. Veranstalter haben dafür Regeln entwickelt, die wir vorstellen werden. In diesem Kapitel geht es darum, wie Sie mit ihrer Partnerin Konsens in Ihrer sexuellen Begegnung herstellen. Grundsätzlich ist Konsens eine Vereinbarung, die all das zwischen Ihnen gelten lässt, worauf Sie sich einigen. Die konsensuale Haltung löst das Bezugssystem von gesellschaftlichen und religiös definierten Werten ab: Das Normale, das Natürliche, das Erregende wird nicht mehr von außen vorgegeben, sondern zwischen Ihnen verhandelt.

Konsens hat zwei Seiten: Er ist potenziell einschränkend, weil nicht jeder alles bekommt, was er will. Es wird kritisiert, Konsens töte die Spontanität und werde immer zugunsten des Partners ausgelegt, der in der Interaktion die langsame, defensive, Nein sagende Position einnimmt. Nach dem Motto: Jeder Schritt, jede Handlung ist zustimmungspflichtig. Man kann es auch anders sehen – und das propagiert die sexpositive Bewegung: Wenn man verhandelt, was für alle passt, dann kann man die bisher konventionellen Skripte und Selbstverständlichkeiten verlassen. Es gibt dann nichts, was zu sein hat. Konsens eröffnet daher Möglichkeiten. Sexuelle Begegnungen müssen nicht immer gleich ablaufen, wenn man darüber spricht. Sehen Sie Konsens als Chance, sich zu zeigen und zu sehen, was die Partnerin will und wie sie sich eine sexuelle Begegnung wünscht. Aber Vorsicht! Ohne Neugier und ehrlichem Interesse, was das Gegenüber will, gelingt Konsens nicht. Durch Konsens entscheiden Sie, was normal, was natürlich, was männlich, was weiblich und angemessen ist. Dabei kann es vorkommen, dass sie stolpern und Probleme entstehen. Diese resultieren nicht aus dem Mangel, sondern einer neu entstandenen Fülle der Möglichkeiten.

Bei Konsens erfolgt die Zustimmung etwas komplizierter als durch ein schlichtes Ja oder Nein. Es geht hier um den Prozess, also darum, wie dieses Ja oder Nein ausgehandelt wird. Wenn man sich so wie die Menschen in der sexpositiven Bewegung auf den Weg macht, Konsens wirklich umzusetzen, kann dies überraschend anstrengend sein. Es ist kein geradliniger Weg. Man benötigt einige Techniken und Tools, die wir Ihnen hier vorstellen.

Wir müssen vorausschicken, dass es für das Wohlfühlen keine einheitliche Definition gibt. Für jeden Menschen ist es etwas anderes. Um herauszufinden, wie eine Erfahrung oder eine neue Praxis wirkt, können Sie sich grundsätzlich fragen, ob sie Ihr Sexleben positiv verändert. Verbindet eine neue Praxis Sie mehr mit sich selbst? Erzeugt sie ein gutes Gefühl? Oder schränkt sie Sie eher ein und hindert Sie daran, authentisch zu sein? Wohlbefinden ist etwas, das in unserem Körper passiert. Wenn Sie trainieren, den Blick auf das zu lenken, was ist und nicht darauf, was sein sollte, dann kommen Sie Ihrem persönlichen Wohlbefinden Schritt für Schritt näher. Schulen Sie Ihre Konzentration für den Augenblick, denn dann spüren Sie und bewerten nicht. Dann sind die Gefühle wahrhaftig, weil sie mit dem Moment zu tun haben, in dem Sie sie erleben. Fragen Sie sich, während Sie etwas Neues ausprobieren: Welche Berührung nimmt mein Körper am liebsten auf? Welche Gedanken tauchen auf? Was bewirken diese Gedanken in meinem Körper?

Es gibt mittlerweile einen großen Markt an Angeboten für Achtsamkeitstrainings. Diese Workshops sind ein guter Einstieg. Hier bekommen Sie Techniken vermittelt, die es Ihnen ermöglichen, immer wieder zu sich selbst, zu Ihren Körperreaktionen und somit zu Ihrem Wohlbefinden zurückzukommen. Um Wohlbefinden zu spüren, müssen wir auch wissen, was uns stresst. Mit dem eigenen Körper in Einklang zu sein, ist nicht nur für das Wohlbefinden und für einen positiven Zugang zu Sex wichtig, sondern auch, um Grenzen setzen zu können. Unser Körper reagiert sofort, wenn wir uns in Situationen befinden, die wir als nicht stimmig oder unangenehm empfinden. Unser Atem wird schneller, wir beginnen zu schwitzen, wir verspannen uns, wir schütten Stresshormone aus. Achtsamkeit lehrt uns, diese Signale bewusst wahrzunehmen.

Kennen Sie das? Sie mögen es grundsätzlich gerne, im Nacken geküsst zu werden. Warum fühlt sich diese Berührung für Sie an einem Tag sinnlich erregend an, am anderen ist sie beinahe unangenehm? Ihr Körper ist dynamisch und lebendig. So reagieren Sie jeden Tag anders auf gleiche Reize. Was Ihnen vor Jahren oder eben vorgestern gefallen hat und was sich gut angefühlt hat, kann heute irritierend, schmerzvoll oder langweilig sein. Festgelegte Abläufe werden einer erfüllten Sexualität nur selten gerecht. Wenn Sie geübt sind, Konsens herzustellen, dann ist es nicht schlimm, Gewohntes zu verändern, aufzuhören oder Pausen zu machen. Das kann bestimmte Körperstellen einbeziehen, das kann mit den Genitalien zu tun haben oder auch nicht.

Wichtig ist es, sich bewusst zu sein, dass jeder Mensch einen einzigartigen Körper, ein einzigartig eingestelltes Nervensystem und einzigartig emotionale Reaktionen hat. Üben Sie Ihre Achtsamkeit gegenüber sich selbst. Achtsamkeit ist ein Prozess, der uns stetig und intensiv mit unseren eigenen Bedürfnissen und Neigungen verbindet und vielleicht auch mit Seiten, die noch ungelebt und verborgen sind.

Sag, was willst du? Im Gespräch zu Konsens kommen

Über Sex zu verhandeln, nimmt das nicht den ganzen Spaß? Was ist mit der Begeisterung? Die meisten Menschen reagieren so oder ähnlich, wenn sie zum ersten Mal vom Prinzip »Konsens« hören: Das tötet doch jede Spontanität! Das ist wie Kochen nach Rezept! Wo bleibt da die Freiheit? Wie soll Lust entstehen, wenn ich ständig aufpassen muss, dass ich nichts falsch mache?

Wir meinen, dass gerade die Möglichkeit, Ja und Nein sagen zu können, eine Grundlage für guten Sex ist. Ein befriedigendes, gesundes Sexualleben beruht auf freier Wahl und nimmt Ihnen das Gefühl, ständig auf der Hut sein und abzuwehren zu müssen, was Sie nicht wollen. Durch den Konsens schaffen Sie einen Rahmen, dem beide für den Moment zugestimmt haben. Wenn Menschen sich Sorgen machen, den Moment zu ruinieren, fürchten sie meist die Möglichkeit des Partners, Nein zu sagen. Oder sie fürchten, dass sie selbst spüren, dass sie ihre Gefühle missachten und etwas tun, was nur die Partnerin will. In beiden Fällen sind das genau die Gründe, weshalb es wichtig ist, zu reden und Übereinstimmung herzustellen.

Markus und Sabine sind Ende vierzig und seit sechs Jahren ein Paar. Analverkehr (Markus aktiv und Sabine passiv) war von Beginn an für beide ein vergnüglicher Teil ihres Sexuallebens. Für Sabine aber nicht immer. Markus hingegen will immer Analverkehr, denn hier fühlt er seinen Orgasmus am intensivsten. Wenn sie keine Lust auf Analverkehr hat, versucht Sabine, Markus nonverbal abzulenken. Sie bietet Blowjobs und Handjobs. Im Beratungsgespräch wird schnell klar: Sabine will die Freiheit haben und selbst bestimmen. Sie will Analsex, wann sie Lust darauf hat und nicht als regulären Teil jeder sexuellen Begegnung. Markus und Sabine haben bis zu diesem Gespräch über dieses Thema nicht gesprochen. Sie haben nur interpretiert und reagiert. Markus hat sich zurückgestoßen gefühlt, Sabine dachte, dass sie lustlos geworden sei. So haben sie sich Stück für Stück voneinander entfernt. Im Zuge der Beratung haben die beiden gelernt, über ihren Sex zu sprechen und nichts als selbstverständlich zu nehmen. Sie lernten – im Terminus der sexpositiven Sprache –, Konsens herzustellen. Analsex ist nun wieder ein willkommener Teil ihrer Sexualität, da er kein Muss mehr für Sabine ist. Markus und Sabine haben sich angewöhnt, einander zu fragen, wonach der Kopf steht – und das nicht erst, wenn sie bereits im Bett sind, sondern schon vorher. Sie reden jetzt selbstverständlicher darüber, wie sie drauf sind, um genau das zu tun, was sie gerade wollen.

Sie sehen: Zustimmung entsteht durch Kommunikation. Zu reden ist die klarste Form und der wichtigste Bestandteil jedes Beziehungsverhältnisses. Niemand kann von Ihrer Stirn ablesen, was Sie wollen und was nicht – und glauben Sie auch nicht, dass Sie selbst immer in der Lage sind, Wünsche nonverbal zu entschlüsseln. Dies funktioniert nur dann, wenn bereits solide konsensuale Kommunikationsmuster mit dem Partner etabliert wurden. Dann kann man sich darauf verlassen, dass jeder Verantwortung für sich selbst übernimmt und keine Scham empfindet, mit körperlichen Reaktionen zu zeigen, was gefällt oder was gerade nicht passt.

Hand aufs Herz: Wer von Ihnen war noch nicht in einer sexuellen Situation, in der sich ein gutes Gefühl in ein schlechtes gewandelt hat? In der Sie nicht gewagt haben, etwas zu sagen? Ob man mutig genug ist, authentisch zu sagen, was man will oder nicht, hängt stark davon ab, wie die Partnerin reagiert. Viele Menschen haben nach wie vor die Idee, dass Sex ein Kampfplatz um die Stellung in der Beziehung ist. Das Motto lautet: Ich sage Nein, damit ich dich bestrafe und dich in deine Schranken weise.

Eine Botschaft an die Männer: Frauen sind nicht »von Natur aus« unterwürfig, still oder passiv beim Sex. Frauen sind auch nicht weniger weiblich, wenn sie ihre eigenen Wünsche äußern oder Grenzen setzen und darauf bestehen, dass die Partner sie respektieren. Geben Sie Ihrer Partnerin Raum und übernehmen Sie nicht immer automatisch das Ruder. Sie sind nicht weniger männlich, wenn sie einmal die empfangende Rolle einnehmen. Eine Botschaft an die Frauen: Männer müssen den Sex nicht dominieren. Sie sind nicht für alles verantwortlich. Auch Sie können eine sexuelle Begegnung gestalten und sich überlegen, was Sie möchten.

Wir wissen: Über Sex zu sprechen und ein Übereinkommen herzustellen, was für beide guter Sex ist, ist noch eine sehr junge Idee. Viele Menschen sind möglicherweise mit der Vorstellung über Sex aufgewachsen, dass man darüber nicht spricht. Fragen Sie sich nun, was Sie dazu beitragen können, dass Ihre Partnerin und Sie über Ihren Sex reden? Wie Sie eine Situation schaffen können, in der Ihr Mann Ihnen erzählt, was ihm gefällt und was er verändert will? Wir wissen, wie schwer Kommunikation sein kann und dass sie besonders in Beziehungen oft in abwertenden Mustern verläuft. Ein Wort ergibt das andere, man kann nicht mehr auf den Inhalt reagieren, sondern nur mehr darauf, welche Gefühle die Worte in einem auslösen.

Uns ist klar, dass sich ein eingefahrenes Kommunikationsverhalten nicht von einem Tag auf den andern verändern lässt; nicht umsonst gibt es ein überbordendes Angebot an Ratgebern, Theorien, Seminaren und Coachings zum Thema Kommunikation. Wir können dieses große Gebiet hier nicht abhandeln, kennen jedoch zwei effektive Schritte, die helfen können, Routinen zu verändern. Zum einen: Sprechen Sie in »Ich-Botschaften«, denn es geht um Sie und um Ihre Bedürfnisse und nicht um die der anderen Person. »Für mich war der Beginn zu schnell« anstatt »Du warst wieder einmal so schnell«, »Ich habe es sehr genossen, dass du mich gestreichelt hast, für mich hätte es noch viel länger dauern können« anstatt »Schade, dass du streicheln nicht magst«.

Sie merken den Unterschied. Wenn man über den anderen spricht, wirkt es wie eine Anklage, etwas nicht oder falsch gemacht zu haben. Damit werten Sie gleichzeitig das ab, was gut war. Zum anderen: Seien Sie dankbar, dass Ihr Partner Ihnen sagt, wie es ihm geht und was er fühlt. Vermitteln Sie ihm, dass Ihnen echte Zustimmung, gemeinsames Verlangen und gegenseitiges Vergnügen am Herzen liegen. Um das auszudrücken, können Sie etwa sagen: »Wenn sich etwas nicht gut anfühlt oder sich als etwas anderes herausstellt, als du es wolltest, dann lass es mich bitte wissen.« Wenn Sie fragen »Genießt du es?«, wird es nicht immer dazu kommen, dass Sie ein Ja als Antwort erhalten. Manchmal kann es auch ein Nein sein. Jeder weiß, wie schlecht es sich anfühlt, ein Nein zu bekommen. Manchmal ist es nur eine kurze Enttäuschung, manchmal kann es sich wie ein echter Herzensbrecher anfühlen. Wie aber sollen Sie auf ein Nein reagieren? Unsicher oder gar beleidigt, weil Sie zurückgewiesen wurden? Alle Gefühle sind grundsätzlich willkommen, dennoch ist es wichtig, dass Sie sie gut verwalten. Gefühle wie Wut, Schmollen und emotionaler Rückzug sind kontraproduktiv, da sie sexuellen Druck auf den anderen ausüben.

Haben Sie also keine Angst vor dieser vermeintlichen Zurückweisung und fragen Sie nach. Versuchen Sie einen neuen Blickwinkel einzunehmen: Ein Nein bedeutet, dass Ihre Partnerin auf ihre eigenen Grenzen und Bedürfnisse achtet. Sie übernimmt Verantwortung für sich und ihren Körper. Und Sie möchten schließlich, dass es ihr gut geht. So können Sie beispielsweise antworten: »Danke, dass du auf dich achtest« oder »Danke für dein Nein«. Ihre Frau fühlt sich somit gehört und von Ihnen respektiert. Dasselbe gilt auch umgekehrt. Haben Sie keine Angst, ein Nein auszusprechen. Sie tun sich selbst mit Ihrem Nein etwas Gutes, weil Sie Ihre Grenzen und Bedürfnisse respektieren. Zudem sind Sie ehrlich und fair, denn das Gefühl, dass Sie etwas machen, was Sie selbst nicht wollen, fühlt sich vermutlich schlecht an und dämpft Ihre Erregung und Lust. Ein Nein im konsensualen Kontext bedeutet, dass Sie wollen, dass die konkrete sexuelle Handlung abgebrochen wird. Ein Nein muss aber nicht gezwungenermaßen bedeuten, dass damit die gesamte sexuelle Begegnung vorbei ist. Auch das ist eine wesentlich neue Erkenntnis, die Sie durch eine konsensuale Haltung erfahren können.

Grün, Gelb, Rot: Mit der Ampelregel Konsens herstellen

Im BDSM-Bereich wurde eine sinnvolle Regelung entwickelt, die wieder vom Nein zum Ja führen kann. Wir stellen Sie Ihnen vor, da wir überzeugt sind, dass sie für alle sexuellen Situationen passt, die eine kurzfristige Veränderung brauchen. Die Ampelregelung führt eine Zwischenstufe vom Nein zum Ja ein. Sie ist der Idee der Verkehrsampel nachgebaut. Mit Grün kann signalisiert werden, dass sich etwas gut anfühlt. Die Farbe Gelb steht für »Das gefällt mir gerade noch, aber mach bitte nicht so weiter, bitte verändere etwas«. Die Farbe Rot steht für »Das überschreitet eine Grenze, das gefällt mir nicht. Stopp!«. Manchen Personen fällt es leichter, diese Farben in einem sexuellen Setting auszusprechen. Zudem trägt diese Methode dazu bei, dass die erotische Atmosphäre weniger unterbrochen wird, weil es sich nur um ein einzelnes Wort handelt. Gelb führt einen Zwischenschritt ein: Damit wird gezeigt, dass etwas nicht passt. Eine Veränderung – in die eine oder andere Richtung – kann die Situation jedoch wieder in den grünen Bereich bringen.

Sie kennen solche Situation bestimmt: Eine Berührung ist zu fest oder zu lang an einer Stelle. Sie küssen gern, aber nicht gern so lang, wie Ihre Freundin das will. Sie wollen noch nicht an Ihren Brustwarzen berührt werden, denn jetzt ist es noch zu früh. Aus Angst, dass ein Nein den Sex komplett abbrechen würde, sagen Sie jedoch lieber nichts und ertragen die Situation. Gelb heißt »Bitte nicht so fest, ich mag es an dieser Stelle meines Körpers sanfter«, »Ich mag dich gern küssen, im Moment ist es mir aber zu viel«, »Meine Brustwarzen stehen auf Berührung, gib mir aber noch ein wenig Zeit, jetzt bin ich noch nicht in Stimmung«. Gelb führt Sie in den Übergang zum Ja. Es eröffnet Möglichkeiten und Varianten. Doch bitte beachten Sie immer: Niemand soll das Gefühl haben, überredet zu werden, seine Meinung zu ändern oder ein Nein rechtfertigen zu müssen.

Empfangen, Gestalten, Dienen, Erlauben: Die einvernehmliche Berührung

Wir wollen Ihnen nun anhand einer Berührungsübung zeigen, wie Sie Konsens herstellen können, damit der Begriff lebendiger und greifbarer wird. Häufig erleben wir in unseren Beratungen, dass Menschen noch nie überlegt haben, wie sie berührt werden wollen und was ihre Berührungen beim anderen auslösen. Oft nehmen sie Berührungen, die sie von ihrem Partner erhalten, geduldig hin, obwohl sie diese als unangenehm empfinden. Deshalb müssen die meisten Menschen erst einmal lernen, wie sich für sie eine gute Berührung anfühlt. Sonst tolerieren sie Berührungen, die sich weder fein anspüren noch erregend sind. Zuerst muss ich erforschen, was mir gefällt. Dann kann ich mich mitteilen, um am Ende in eine Situation zu kommen, die für beide angenehm ist.

Die amerikanische Chiropraktikerin und Bodyworkerin Betty Martin hat zum Thema Berührung das Konzept »Wheel of Consent« (»Rad der Zustimmung«) entwickelt.

Wir hatten vor einigen Jahren die Gelegenheit, einen Workshop bei ihr zu machen. Ihre Überlegungen zum Berühren sind überraschend – man benötigt einen Moment zum Nachdenken, da sie völlig neue Dimensionen beleuchten. Doch wenn man sie einmal verstanden hat, schaffen sie Struktur und Klarheit, um in das Vergnügen der Berührung einzutauchen. Die wesentlichste Fähigkeit, auf der alles beruht, ist die, in jedem Moment zu wissen, was man wahrhaftig fühlt, ohne Erwartungen vorwegzunehmen. Betty Martin war eine der ersten, die sich intensiv mit dem Thema Konsens auseinandergesetzt hat. In ihren Workshops lehrt sie dazu unterstützende Techniken. Das von ihr entwickelte »Wheel of Consent« ist die Essenz ihrer Überlegungen und bringt die Praktizierenden rasch in ein neues Erleben. Betty Martins Konzept des Berührens umfasst die vier Dimensionen Empfangen, Gestalten, Dienen und Erlauben.

Empfangen: Ich werde so berührt, wie ich es will. Wir sind es gewohnt, nur in zwei Richtungen zu denken, in die aktiv gebende und die passiv empfangende. Doch was ist, wenn Sie als Empfangende auch geben – nämlich die Erlaubnis, dass und wie Sie berührt werden dürfen? Man ist als Empfangende nicht passiv und muss nehmen, was man bekommt. Der Gebende ist auf Ihre aktive Erlaubnis angewiesen. Sie können bewusst den Rahmen setzen, wie Sie berührt werden wollen. Setzen Sie sich an die erste Stelle und spüren Sie, was Sie wollen. Es ist Ihnen erlaubt, zu empfangen, was Ihnen guttut. Das fällt vielen Menschen schwer. Besonders in der Sexualität verbietet man sich oft eigene Wünsche, weil man befürchtet, dass sie nicht den gängigen moralischen Vorstellungen entsprechen oder weil man zu ahnen glaubt, dass der Partner sie nicht goutieren würde.

Gestalten: Ich berühre dich so, wie ich es will. Im ersten Moment klingt diese Idee einfach. Doch schnell zeigt sich, dass viele Menschen die Erfahrung gemacht haben, dass sie nur geliebt, geachtet, gemocht und geschätzt werden, wenn sie vorbehaltlos geben. Zusätzlich gilt als egoistisch, zu tun, was einem selbst Spaß macht. Mit diesen Erfahrungen wird diese Sequenz zur Herausforderung. Wie wollen Sie Ihre Partnerin berühren? Es geht jetzt um Sie! Wonach steht Ihnen der Sinn? Eine Massage mit Öl, nur die Füße oder die Haare, mit welchem Druck oder welcher Intensität? Achten Sie darauf, wann Sie wieder in die Dimension des Gebens hineingleiten, wann Ihre Gedanken also darum zu kreisen beginnen, ob es dem anderen gefällt. Erinnern Sie sich dann daran, dass es in dieser Berührungsdimension um Ihr Wohlgefallen geht. Es geht darum, wie Sie berühren wollen.

Dienen: Ich berühre dich so, wie du es willst. Fragen Sie Ihren Partner, wie er berührt werden will und stellen Sie Ihre eigenen Vorlieben beiseite. Das können Sie wahrscheinlich recht gut. Weniger geübt sind Sie wahrscheinlich in der Frage, ob Sie selbst im Moment bereit sind, das Gewünschte zu geben. Ist es gerade das, was ich geben will? Wenn Sie Ja sagen können, dann tun Sie es. Das ist das Geschenk an den Partner. Sie geben zum Wohlbefinden des anderen.

Erlauben: Ich erlaube dir, mich so zu berühren, wie du es willst. Erlauben ist eine Form des Gebens. Es ist Ihr Geschenk an den anderen, Sie berühren zu dürfen, wie er es will. In dieser Rolle legen Sie zwar beiseite, was Sie gerade wollen, tragen jedoch weiterhin Verantwortung für Ihre Grenzen. Was fühlt sich gut für Sie an? Geben Sie diese Erlaubnis gern oder folgen Sie den äußeren Zwängen? Wollen Sie gefallen? Wollen Sie keine Diskussion? Wollen Sie den Partner nicht beleidigen? Wenn Ihre Zustimmung zögerlich kommt, fragen Sie sich: Brauche ich mehr Informationen? Müssen die Grenzen klarer definiert werden? Für viele ist dieser Teil der Übung sehr ungewohnt, denn im alltäglichen Umgang hat der Empfangende meist zu nehmen, was er bekommt – doch hier darf er mitentscheiden.

Jede dieser vier Dimensionen gibt Auskunft über Sie selbst. Beobachten Sie sich in den unterschiedlichen Rollen.

In welcher fühlen Sie sich am wohlsten? Welche Rolle ist die vertrauteste? Wann fühlen Sie sich unsicher? Und warum? Vielleicht liegt in jener Rolle, die Ihnen bisher fremd war, sogar Ihr Entwicklungspotential!

KAPITEL 7

Sexpositive Veranstaltungsorte: Eintauchen in eine neue Welt

Wir wollen mit Ihnen in diesem Kapitel noch tiefer in die sexpositive Welt eintauchen und Ihnen ein lebendiges Bild davon zeichnen, welche Erfahrungen an sexpositiven Orten und auf sexpositiven Veranstaltungen gemacht werden können. Wir laden Sie ein, mit uns zu kommen: Besuchen Sie mit uns einen sexpositiven Workshop und erfahren Sie, was das Besondere daran ist. Vorab geben wir Ihnen jedoch eine Reisewarnung: Gehen Sie es langsam an.

Zeit und Verantwortung: Was eine sexpositive Entdeckungsreise braucht

Wenn man Workshopteilnehmerinnen auf sexpositiven Events fragt, warum sie hier sind, erzählen viele, dass ein tiefer Wunsch nach Veränderung und Neugierde dahinterstecken. Sie treibt die Sehnsucht, Altes hinter sich lassen, Neues auszuprobieren und eine Erweiterung und Varianten der eigenen Sexualität auszuloten. Sie wollen Bereiche erforschen, für die sich bisher noch nicht die Erlaubnis gegeben haben. Manchmal ist der Auslöser eine Krise, die das bisherige Leben in wesentlichen Aspekten infrage stellt. Man beginnt zu überlegen: Was ist ein gutes Leben für mich? Dann wird Gewohntes hinterfragt. Gerade in den Anfängen sind die meisten Menschen sehr euphorisch und wollen weiter erforschen, was noch möglich ist. Wenn Sie das erste Mal auf ein sexpositives Event gehen, kennen Sie sich in dieser neuen Welt noch nicht aus. Der Prozess des »Entlernens« alter Muster produziert freie Stellen in der Gefühlswelt. Neues ist noch nicht gefestigt. Deshalb sind Menschen in Veränderung besonders verletzlich. Alte Grenzen und der sprichwörtliche Panzer schützen nicht mehr durchgehend vor Verletzungen, Grenzüberschreitungen und Enttäuschungen. Die Entdeckungsreise verläuft bei niemandem linear und braucht Zeit. In einer Phase kann es schnell vorangehen, etwa nach einem Seminarwochenende, wenn man aufregende Erfahrungen gemacht hat und enthusiastisch heimkehrt. In einer anderen Phase kann das Gefühl aufkommen, keinen Schritt voranzukommen, sich im Kreis zu drehen und sich in alten Ängsten, in Scham und Urteilen wiederzufinden.

Wir empfehlen daher, diese Reise umsichtig und behutsam zu starten. Bleiben Sie aufmerksam und hören Sie auf sich! Was sich nicht gut anfühlt, ist nicht gut – unabhängig davon, was andere sagen. Ein Selbsterfahrungsprozess ist kein Wettkampf, in dem es darum geht, wer schneller am Ziel ist. Gehen Sie in Ihrer eigenen Geschwindigkeit. Niemand weiß besser als Sie selbst, wie viel Sie sich zumuten können. Fragen Sie sich, was das Erlebte in Ihnen auslöst: Welche Gefühle kommen hoch? In welchen Situationen reagieren Sie bereits anders als vor Monaten? Was genau machen Sie anders? Jede Form des Gesprächs kann hilfreich sein, mit Freundinnen, mit Beratern oder Therapeutinnen. Oft werden bei sexpositiven Events »Sharing Groups« angeboten, in denen Sie mit anderen Teilnehmern Erfahrungen austauschen können. Sorgen Sie sich um sich selbst. Fragen Sie sich immer, was Sie im Moment brauchen. Eine Pause? Ein Gespräch?

Zwischenmenschliche Begegnungen können bereits im Alltag ein Minenfeld an Missverständnissen, Grenzüberschreitungen und Kränkungen sein. Im sexpositiven Umfeld begegnen Sie Menschen, die genau wie Sie auf der Suche sind und durch Prozesse der Veränderung gehen. So kann es vorkommen, dass Sie auf unbekannte, unerwartete Reaktionen stoßen, die Sie im besten Fall erfreuen und energetisieren – im schlechtesten Fall vor den Kopf stoßen oder verletzen. Wir erleben jede Situation aus unserer Sichtweise: Was für den einen noch erträglich ist, ist für den anderen unannehmbar.

Wir gehen hier mit der Kulturwissenschaftlerin Beata Absalon d'accord, wenn sie darauf aufmerksam macht, dass heutzutage der subtile Feind (und wir fügen hinzu: in unserer westlichen Welt) nicht mehr primär Sexfeindlichkeit, sondern »vorgeschriebener Sex« ist. Eine sexpositive Haltung darf auf keinen Fall dazu führen, dass Menschen sich bedrängt fühlen, über ihre eigenen Grenzen zu gehen, damit sie dazugehören. In allen Bewegungen, auch in der sexpositiven, besteht unterschwellig die Gefahr, dass definiert wird, wie jemand sich zu verhalten hat. Damit wird Macht ausgeübt. Auch wir meinen, dass man – bei allen Errungenschaften und begrüßenswerten Intentionen von Sexpositivität – nicht zu schnell in kritiklose Euphorie verfallen darf, die blind für missbräuchliche Vorgangsweisen macht. Sexualität kann auch innerhalb der sexpositiven Bewegung instrumentalisiert werden und ist dann keine positive, also genussvolle, erfüllende und vor allem selbstbestimmte Erfahrung. Dies sollte Grund und Motivation sein, die Prinzipien von Sexpositivität immer weiter zu differenzieren und laufend kritisch zu diskutieren.

Ein sexpositives Event zeichnet sich dadurch aus, dass es Regeln gibt, wie miteinander umgegangen werden soll. Dennoch kann es vorkommen, dass diese Regeln von einzelnen Personen nicht eingehalten werden und Sie dadurch eine Begegnung als unangemessen erleben und Ihre Gefühle durch Worte und das Verhalten anderer verletzt werden. Erkundigen Sie sich vorab, wie die jeweiligen Veranstalter damit umgehen. Wie werden diese Situationen angesprochen und aufgelöst? Gibt es Vertrauenspersonen? Bei der Wiener sexpositiven Party S.O.U.L. (Symbiosis Of United Love) gibt es speziell ausgebildete Ansprechpersonen – Schutz(b)engerl genannt –, die vor Ort präsent sind. Jeder Gast wird persönlich und mittels Flyer über die Konsensregeln und einen respektvollen Umgang informiert. Allein diese Explizitheit, mit der die Themen Sicherheit und der Umgang miteinander sichtbar gemacht werden, verändert das Bewusstsein der Partypeople.

Gruppen tendieren dazu, Verhalten zu vereinheitlichen. Auch sexpositive Gemeinschaften sind davor nicht gefeit. Gruppendruck und unausgesprochene Hierarchien können die freien Experimentierräume, die man eigentlich schaffen will, zerstören. Die Freiheit, selbst zu entscheiden, wird eingeengt und verhindert eine Kommunikation auf Augenhöhe. Umso wichtiger ist es, dass Sie sich immer wieder in Erinnerung rufen, wo Ihre Grenzen liegen. Was fühlt sich noch gut für Sie an? Wie sagen Sie Nein zu Ihrem Gegenüber oder auch zur gesamten Gruppe? Je sicherer Sie sich sind und je besser Sie zu Ihren Gefühlen und Bedürfnissen stehen, desto mehr können Sie Begegnungen aktiv steuern und werden nicht überrumpelt.

Offenheit und Vielfalt: Besonderheiten sexpositiver Orte

Wir haben von klein auf gelernt, dass Sexualität in einem intimen, abgeschlossenen Raum stattfindet. Im Privaten begegnen wir uns, da sind wir vertraut, da fühlen wir uns sicher. Sex findet im Schlafzimmer statt. Vielleicht bekommen wir zum Hochzeitstag mit Augenzwinkern einen Gutschein für ein schickes Hotel oder gar für ein verruchtes Stundenhotel. Damit wieder Spannung aufkommt, versuchen wir es mit einem Ortswechsel. Aber auch da gibt es eine Tür – und die wird zugemacht. Denn Sex ist privat. Wenn wir Freunde besuchen oder auf einer Party sind, reden wir über die Arbeit, Politik, das Wetter, die Kinder oder das Buffet. Aber wehe, wenn das Thema Sex angesprochen wird! Wem kann man zum Thema Sex Fragen stellen? So sehr unsere Gesellschaft vermeintlich offen und »oversexed« ist, so sehr ist das Thema Sex nach wie vor ein Tabu und schambehaftet. Man redet nicht tiefer darüber.

Wenn wir Menschen danach fragen, was ihnen zu »Sex an öffentlichen Orten« einfällt, kommt meist »Swingerclub« zur Antwort. Für uns sind Swingerclubs jedoch keine sexpositiven Räume. In einem Swingerclub haben die Menschen Sex. Die Atmosphäre ist erwartungsvoll, zielgerichtet und konsumistisch. Möglichst schnell und unkompliziert soll es zum Geschlechtsverkehr kommen. Der Konsens gilt per Blick als vereinbart. Neben kopulierenden Menschen zu masturbieren, gilt als selbstverständlich. Wer das nicht mag, kann ja gehen. Sexpositive Orte unterscheiden sich davon in vielen Facetten. An einem sexpositiven Ort wird Sexualität aus der Tabu- und Konsumzone geholt, indem es auf vielfältige Weise zum Thema gemacht wird. Hier darf darüber gesprochen werden. Die Atmosphäre ist offen, Neugier ist erwünscht, nachfragen und Interesse zeigen ist erlaubt. Die Besonderheit sexpositiver Räume ist, dass man etwas erlebt und es unmittelbar reflektieren und besprechen kann. Fantasien und Vorlieben werden nicht nur im Gespräch ausgedrückt, sondern auch mit Kleidung und Accessoires. Alles ist erlaubt. Gestylt in Lack, Leder und Fetisch, locker in Jeans und T-Shirt oder nackt. Männer mit Lippenstift und Rock oder klassisch im Anzug. Frauen in High Heels oder Heavy

Boots mit Harness. Das Konterkarieren von gesellschaftlich vorgegebenen Geschlechterrollen ist für die einen ein lustvolles, launiges Ausprobieren, für die anderen ist das Auftreten und Kleiden außerhalb der Mainstream-Ästhetik wichtig, um ihre Identität zu statuieren. Beides und alles dazwischen ist an einem sexpositiven Ort erlaubt und erwünscht.

In der sexpositiven Szene gibt es immer wieder auch Themen- und Playpartys mit Dresscodes. Ursprünglich kommt der Begriff »Playparty« aus dem BDSM- und Kink-Bereich. Blieben bis vor wenigen Jahren die Kink-People noch mehr oder weniger unter sich, so hat die sexpositive Szene diese Art von Partys inhaltlich und zeitlich erweitert. Ein schönes Beispiel dazu ist die Veranstaltung »The Parallel Universe«, das sich als zirkusartiger interaktiver Spielraum für Erwachsene beschreibt und sich über mindestens zwei Tage erstreckt. Die Beschreibung der Veranstalterinnen: »Selten gibt es Orte, an denen wir tun und lassen können, was wir wollen. Orte, an denen wir unseren Wünschen und Sehnsüchten frei nachgehen dürfen, wo gesellschaftliche Normen abgelegt werden können. Eingebettet in ein lockeres Rahmenprogramm aus Live-Musik, DJ-Sets, Kostümecke und Performances finden zahlreiche Workshops statt: Shibari, Play-Fights, Spiele und Diskussionen rund um die Themen Sinnlichkeit, Sexualität, Gender, Liebe und Verbindung.« Das Paralleluniversum findet an verschiedenen Orten in Berlin und Wien statt und richtet sich eher an ein jüngeres Publikum.

Auch die Gestaltung eines sexpositiven Raums ist mit Bedeutung aufgeladen. Sofas und Matratzen laden zum Kuscheln und Schmusen ein, meist gibt es eine besondere Deko. Der Raum fühlt sich weniger wie ein Club als ein großes Wohnzimmer an. In Vitrinen gibt es ein ganzes Arsenal an Flogger, Peitschen, Seilen und anderen Toys zum Ausborgen und Ausprobieren. Allein die selbstverständliche Anwesenheit dieses Erwachsenen-Spielzeugs, aber auch von Kondomen, Gleitgels und Desinfektionsmittel, inspiriert und öffnet für das Thema.

Natürlich darf man an einem sexpositiven Ort auch nach intimer Begegnung fragen. Wenn es für alle Beteiligten passt, kann es zu sexuellen Handlungen kommen – es steht aber weder im Vordergrund, noch ist es ein Ziel. Es geht um einen Ort der Möglichkeiten und der Erweiterung, an dem man über Sex sprechen darf, ohne das Gefühl zu haben, damit ein Versprechen zu geben, dass es zu Sex kommen muss. Dadurch ist die Stimmung ruhiger, freundlicher und menschlicher, als wir es an anderen sexuell aufgeladenen Orten gewohnt sind. Die Erlaubnis für Sex schafft Freiraum und Inspiration für Sex. Man kann hingehen und die Atmosphäre wirken lassen, ohne Stress zu bekommen, dass etwas verlangt wird und passieren muss.

Ein sexpositiver Ort ist radikal inklusiv. Alle Menschen sind willkommen, unabhängig davon, wie alt sie sind, wie sie aussehen, welche sexuelle Orientierung sie haben oder welches Beziehungskonzept sie leben. Unterschiede werden gefeiert und gefördert. Pluralität ist selbstverständlich. Das Zelebrieren der Vielfalt ist Konzept und Methode, voneinander zu lernen ist ein grundlegender Wert. Das ist ein bedeutender Unterschied zu jedem anderen Ort. Wo herrscht denn grundsätzlich die Offenheit, dass man über die Themen Sexualität, sexuelle Orientierung, Vorlieben, Bedürfnisse, Wünsche, Ängste und Unsicherheit sprechen darf? Und das auch mit Menschen, die man noch nicht kennt! Oder die man noch nicht gut kennt. Die verbindende Gesinnung aller Menschen, die man an sexpositiven Orten treffen kann, ist die Offenheit für Begegnungen vielfältiger Art.

Der erste sexpositive Ort in Europa, die Schwelle7, wurde 2007 in Berlin vom Tänzer und Choreografen Felix Ruckert gegründet. Bis ins Jahr 2016 gab es dort Veranstaltungen zwischen Kunst und Sexualität. Der Name des Orts war Prinzip: Schwellen wurden im Sinne von Genres, Inhalten und Formen konstant und konzeptuell überschritten. Es gab Workshops, Partys und andere Events. Es ging um Tanz, Performance, Body-Art, Massage und Yoga. Es ging um ästhetische und philosophische Aspekte sowie um praktisch-technische Fertigkeiten von BDSM bis Tantra. Es wurde mit Sinnlichkeit und Sexualität experimentiert und ein Lernraum der besonderen Art geschaffen. Menschen mit unterschiedlichem Background aus unterschiedlichen Ländern hielten Workshops, Jahresgruppen, Vorträge und boten Ausbildungen an. Die Schwerpunkte reichten von (Körper-) Therapie bis Shibari, von Tanz bis Paar-Trainings, von Tantra bis Kink, von Improtheater bis zur Auseinandersetzung mit existenziellen Themen wie Liebe und Tod. Jeder, der in die Schwelle ging, wurde gewahr, eine Schwelle zu überschreiten. Die Schwelle7 in Berlin war ein bahnbrechender Ort. In Wien wurde 2014 nach dem Berliner Vorbild ein namensgleicher sexpositiver Ort – Schwelle Wien – geschaffen. Neben fixen sexpositiven Veranstaltungsorten gibt es auch zahlreiche sexpositive Festivals – und es werden jedes Jahr mehr. Manchmal finden Festivals auch online statt. Wir haben während der »Corona-Zeit«, als alle Events abgesagt werden mussten und viele online stattfanden, an einem Online-Festival in Australien (»Erotic Living«) teilgenommen und dabei spannende neue Menschen kennengelernt. Australien wäre uns sonst zu weit gewesen, aber so war es möglich, die Kontinente zu verbinden.

Spielplatz für Erwachsene: Besonderheiten sexpositiver Festivals

Wir hoffen, dass wir Sie begeistern konnten, noch tiefer in die sexpositive Welt eintauchen zu wollen. Vielleicht haben Sie Lust, den nächsten Schritt zu gehen. Wollen Sie Menschen kennenlernen, die sich wie Sie auf diese Reise begeben haben? Vielleicht sind Sie auf der Suche danach, wie Sie Ihre

Fantasien in reale Erlebnisse verwandeln können. Sie haben gelesen, dass Sex mehr ist als Geschlechtsverkehr und Orgasmus, dass Sex eine Ressource für so vieles sein kann und nicht nur ein Trieb, dem man blind und unbewusst ausgeliefert ist. Vielleicht spüren Sie, dass sie noch weit davon entfernt sind, Ihr erotisches Potenzial zu leben. Oder Sie empfinden Ihre derzeitige Sexualität mau und langweilig. Vielleicht sind Sie fasziniert und beeindruckt davon, dass wir Sexualität mit Spiel, Kreativität und sogar persönlicher Weiterentwicklung in Zusammenhang gebracht haben. Vielleicht sind Sie schon lang auf der Suche nach Intimität und Berührung. Vielleicht spüren Sie die dunklen, irritierenden Seiten Ihrer Sexualität und haben sich angesprochen gefühlt, als wir über Schattenseiten geschrieben haben. Und vielleicht wollen Sie nun herausfinden, wie Sie diese Schatten transformieren können, um sich wohler in Ihrer Haut fühlen zu können. Vielleicht diskutieren Sie gerade mit Ihrer Partnerin darüber, wie es wäre, die Beziehung zu öffnen, sind aber unsicher, ob das funktioniert. Vielleicht leben Sie polyamor und würden sich gern mit anderen Menschen, die auch ein alternatives Beziehungskonzept favorisieren, austauschen. Was auch immer im Augenblick Ihre Motivation für Veränderung und Weiterentwicklung ist: Sie fühlen eine Aufbruchsstimmung und sind bereit, Ihrem Leben einen entscheidenden Twist zu geben und was Neues auszuprobieren. Wenn Sie immer dasselbe tun, bleiben Sie dort, wo Sie schon sind. Sie wissen, dass es in Ihrer Hand liegt, etwas zu verändern.

Eine effiziente und gute Möglichkeit, in unbekanntes Terrain vorzudringen, Erfahrungen zu sammeln und gleichgesinnte Menschen kennenzulernen ist es, ein sexpositives Festival zu besuchen. Ein sexpositives Festival dauert in der Regel zwischen drei und acht Tagen. Es ist ein bunter Mix aus Workshops, Partys und einem Rahmenprogramm aus Musik, Performance und Vorträgen. Es bietet Selbsterfahrung in einem angenehmen Ambiente mit der Möglichkeit, gleichgesinnte Menschen zu treffen. Auch hier gilt: Sex kann stattfinden, muss aber nicht. Wichtig ist es, achtsam mit sich selbst und anderen Gästen umzugehen. Jeder sexpositive Ort, sei es ein Festival, ein Workshop oder ein fixer Raum, unterliegt einem Prozess, bei dem man nicht genau weiß, was am Ende herauskommt. Es gilt, im Hier und Jetzt zu bleiben, keiner Erwartung nachzujagen, Bewertungen zu hinterfragen und sich überraschen zu lassen, welchen nachhaltigen Einfluss das Gesehene, Erlebte und Gelernte auf die Zukunft hat.

In vielen Ländern sind in den letzten 15 Jahren Festivals und Retreats entstanden, deren Haltung sexpositiv ist. Es gibt größere Festivals wie das Sexibility in Ängsbacka in Schweden oder die Xplore in Berlin mit jeweils bis zu 500 Personen. Kleinere Festivals sind zum Beispiel »The Intimate Revolution« in Wien und Berlin oder das »Quintasensual« in Westengland mit etwa 150 Personen. Die Untertitel der Festivals sprechen für sich. In Schweden heißt es »An Intimate Week Focused on Sensuality, Intimacy, Sexuality, Body & Soul« und in Berlin bei der Xplore heißt es seit 2004 »The Festival on the Art of Lust«. Die »Intimate Revolution« setzt sich zum Ziel, »Einsamkeit und schlechten Sex zu beenden«. Das »Quintasensual« legt den Fokus auf »Queer Spirituality, Sexuality and Tantra«. Damit sich dort auch alle willkommen fühlen, werden diese explizit beim Namen genannt: Queers, Straights, Gays, Trans-Folk, Bisexuals, Sex-Therapists, Multisexuals, Sexual Explorers, Heterosexuals, Pansexuals, Lesbians, Homosexuals, Dykes, Intersex, Disabled, Liberated, Poofs, Open-Hearted, Faeries, Bois, Transgender, Questioners, Sex-Workers, Asexuals, Bi-Gendered, Genderqueer, Transsexuals, Curious-People, Open-Minded, QPOC, Those-Without-Labels. Sie sehen, hier wird großer Wert auf eine maximale Ausdifferenzierung der unterschiedlichen Identitäten gelegt.

Damit alle grundlegend mit den Themen Grenzen und Konsens vertraut werden, gibt es dazu bei fast allen Festivals am ersten Tag einen Workshop. Hier lernt man, dass jeder dafür mitverantwortlich ist, dass das Festival gelingt – mein Verhalten beeinflusst das Verhalten der anderen. Das gilt im Grunde überall, an einem sexpositiven Ort aber besonders, weil es um intime und persönliche Themen geht und man deshalb besonders verletzbar ist.

Hedonistische Motive wie Spaß zu haben, gleichgesinnte Menschen zu treffen und Neues zu lernen, um ein lustvolleres, erfüllteres Sex- und Beziehungsleben führen zu können, sind in der sexpositiven Bewegung wichtig. Zugleich ist der Aspekt der Persönlichkeitsentwicklung immer mit dabei. Das schafft eine Atmosphäre des Vertrauens und fördert neben dem individuellen auch das kollektive Wachstum. Unterstützt wird dieser Aspekt durch tägliche Sharing-Gruppen, die einerseits selbst organisiert und andererseits angeleitet stattfinden. Das Reflektieren und der Austausch über die gemachten Erfahrungen schaffen ein besonderes Gemeinschaftsgefühl. Verständnis, Empathie und Verbundenheit sind die Folge daraus und potenzieren die Lernerfahrung. Die Teilnehmerinnen merken, dass alle im selben Boot sitzen. Die Erlaubnis, über Gefühle, Unsicherheiten, Scham, aber auch über freudvolle Erfahrungen vor den anderen Festival-Gästen zu sprechen, hat eine transformative Kraft und nährt Weiterentwicklung und Erkenntnis.

Obwohl bei einem Festival sehr viel Programm geboten wird, hat es einen entschleunigenden Charakter. Es ist ein Spielplatz für Erwachsene. Zwar gibt es einige wesentliche Spielregeln wie Konsens, aber kein vorgefertigtes Ziel. Die Pausen und die Partys am Abend sind genauso wichtig wie die Workshops, Sharing-Groups und alle anderen Programmpunkte.

Von Dancing Men bis Exhibitionismus für Schüchterne: Sexpositive Workshops

Auf einem sexpositiven Festival hält eine breite Palette unterschiedlicher Expertinnen kurze Miniworkshops, die meist zwischen eineinhalb bis drei Stunden dauern. Jeden Tag finden mehrere Programmpunkte parallel von morgens bis abends statt. Die gemeinsame Überschrift für alle Workshops ist das Erforschen, Experimentieren, Reflektieren und Spielen mit den Themen Lust, Erotik, Körper, Kommunikation und Beziehung. Die Workshopleiter kommen aus unterschiedlichen fachlichen Bereichen, die von Sexual-, Körper- und Paartherapie bis hin zu Kink, Queer, Tanz, Schauspiel, Performance, Kunst und Yoga reichen. Die Formen der Workshops sind unterschiedlich. So ist bei dem einen der Gruppenprozess im Vordergrund, und bei dem anderen geht es mehr um eine Erfahrung zu zweit oder auch allein. Auch inhaltlich gibt es eine große Fülle an Themen. Immer geht es aber darum, neue Rollen und Verhaltensweisen auszuprobieren.

Auf jedem Festival gibt es etwa Angebote zum Thema »Unterschiedliche Berührungsmodi«, die das eigene Wahrnehmungsspektrum erweitern und Impulse für erotische Begegnungen geben. Man kann mit Öl sinnlich massieren, mit den Nägeln kratzen, mit einem Seidentuch Energien wecken, mit Peitschen und Floggern süßen Schmerz verursachen, mit diversen Gegenständen die Haut bearbeiten oder auch auf unterschiedliche Art streicheln. Der Fantasie sind keine Grenzen gesetzt. Vielleicht hat die Haut noch nie ein Nervenrad, einen rauen Zweig oder einen Eiswürfel gespürt. Sie werden sehen, wie viel Spaß es macht, den Partner einmal anderes zu berühren als gewohnt oder selbst zu spüren, wie ungewohnte Sinnesreize sowohl psychisch als auch physisch wirken. Bei einem anderen Workshop kann es um Submission und Dominanz gehen. Welche Inszenierung kann es dazu geben? Wie geht es mir in den unterschiedlichen Rollen? Was ist, wenn Peitschen und Spanking oder andere Tools mit eingesetzt werden? Beim nächsten Workshop dreht sich alles um das Thema Geschlecht und Identität. Peter, 29 Jahre, Profifußballspieler, war in Ängsbacka beim Sexibility-Festival. Er war besonders berührt von einem Männerworkshop-Tag und hat für uns einen Erfahrungsbericht geschrieben, den wir hier etwas gekürzt wiedergeben. Seine Worte beschreiben gut, wie bereits ein einziger Festival-Tag eine Veränderung auslösen kann.

»Ich war letzten Sommer das erste Mal auf einem sexpositiven Festival. Ich freute mich auf das Abenteuer. Und es war ein Abenteuer! Im Rausch der Festivalstimmung blickte ich erwartungsvoll auf den Wochenplan. Und was sehe ich da? Den ganzen Tag nur Männerworkshops! Alles Workshops, in denen nur Männer miteinander zu tun haben. (Zur Erklärung: Auf Festivals gibt es manchmal die Möglichkeit, sich in Workshops mit seinem biologischen oder gefühlten Geschlecht explizit wie in einer Peergroup auseinanderzusetzen.) Fast wurde ich wütend, jedenfalls aber frustriert und enttäuscht. Nun schaffte ich es endlich einmal auf so ein Festival und dann soll ich den ganzen Tag mit Männern verbringen? Ein Tiefpunkt. Täglich bin ich von Männern umgeben. Im Beruf, in der Mannschaft, in Vereinen. Meine Freundin Franziska, die mit mir auf dem Festival war und mehr Erfahrung mit Festivals hatte als ich, strahlte mich an und meinte, diese Möglichkeit würde ich nicht oft bekommen, das würde bestimmt gut werden. Letztendlich überwand ich meinen Widerstand und stapfte tapfer in den ersten Workshop mit dem lapidaren, eigentlich nichtssagenden Titel ›Dancing‹. Ich sah 20 Männer im Raum. Alte, junge, haarige, rasierte, dicke, dünne. Außerdem eine Frau – die Workshopleiterin. Mir grauste in diesem Moment. Ich wollte raus, ganz schnell raus. Die Musik startete und die Workshopleiterin begann den zum Großteil unsicher wirkenden Männern einen Rahmen zu geben. ›Move‹, sagte sie lächelnd und beruhigend. ›Move into the space.‹ Halb gelähmt und beschämt standen wir da. Innerlich spottete ich ein wenig und dachte mir: ›Was soll der Schwachsinn hier? Warum nur Männer. Was mach ich hier? Mit Männern tanzen? Das ist lächerlich.‹ Sie begann mit den nächsten Anweisungen. ›Move, come on, move. Look each other in the eye. See the beautiful souls of the others.‹ Mit jedem Wort und jeder Anweisung wurde ich weicher. Ich sah in die Augen der anderen Männer. Ich sah bei vielen denselben Widerstand wie bei mir. Ich sah sie unsichere Bewegungen machen. Die Blicke zuerst vermeidend. Aber dennoch. Mit der Zeit fühlte ich mich nicht mehr wie ein Betonklotz. Wie ferngesteuert folgten wir Männer den Anweisungen der Workshopleiterin. Bald machten wir der Musik folgend Einzel-, Partner- und Gruppenübungen. Bis ich mich verschwitzt in der Unterhose, umringt von fünf Männer, die mich in meiner Bewegung unterstützten, befand. Abwechselnd war immer ein anderer Mann in der Mitte. Die Bewegungen wurden fließender, geschmeidiger, kamen vom Innersten heraus. ›And now, be free, move yourself‹, erklang es in meinen Ohren. Am Ende fand ich mich weinend am Boden liegend wieder. Prägende Bilder aus der Jugend, aus Sportmannschaften und der Schule lösten sich in Tränen auf. Die Definition von Männlichkeit, der Umgang miteinander, der permanente Konkurrenzkampf, meine Glaubenssätze, wie ein Mann zu sein hat, all das löste sich in diesem Moment auf. Bis zum Abend besuchte ich alle Männerworkshops. Viele Männer versammelten sich danach für den Ausklang in der Sharing-Runde, um über ihre Erfahrungen zu sprechen. Wir bildeten dabei im Stehen eine enge Traube. Dicht umschlungen stand ich mit den anderen da und hörte: ›Fall down in the sea of masculinity.‹ Wir fielen zu Boden und hörten, was jeder zu dieser Erfahrung zu sagen hatte. ›Why are we always in competition?‹, fragte ein junger Manager. ›This day has completely changed my life‹, meinte ein anderer. Ein weiterer Mann stand auf: ›Why does it took 65 years in my life to get this special experience? 65 years hidden under my fears. Thank you all, that you make it possible. And to all the younger boys, please take this experience out in the world.‹ Viele weitere Männer erhoben ihr Wort – bis der letzte Satz fiel: ›If you want to understand women, take a look at men.‹ Danach hat sich mein Leben verändert.«

Auch kreatives Schaffen kann im Zentrum stehen, wenn man zum Beispiel in der Gruppe eine erotische Geschichte schreibt oder gar einen Porno dreht. Aber nicht nur lustvolle und kreative Themen sind angesagt, sondern es kann auch um Scham und Schuld gehen, um Themen, mit denen in der einen oder anderen Weise viele von uns in Zusammenhang mit Sexualität und Beziehung schon einmal in Berührung gekommen sind. Workshops, bei denen es um Beziehungsthemen geht, dürfen auch nicht fehlen. Wir lernen einerseits spielerisch und andererseits reflektierend mit den Themen »Nähe und Distanz«, »Autonomie und Bindung«, »Differenz als Ressource« oder »Regeln und Kommunikation im Umgang mit alternativen Beziehungskonzepten« umzugehen.

Allein diese Aufzählung, die keinen Anspruch auf Vollständigkeit hat, zeigt, dass dem Thema Sexualität hier mit einem weitaus breiteren Ausdrucks- und Reflexionsraum begegnet wird, als wir es sonst gewohnt sind – privat oder im therapeutischen Kontext. Neben sexuellem Lernen und persönlicher Weiterentwicklung in den Workshops gibt es auch andere Angebote. Oft gibt es noch offene Räume, in denen es kein vorgefertigtes Programm gibt, in denen aber Begegnung stattfinden darf. Dort kann man sich treffen, dort ist es erlaubt, sich zu berühren und zu experimentieren.

Wir können uns noch gut an einen unserer ersten Workshops zum Thema »Dirty Talk« mit Ottokar Lehrner alias

Dr. Diva erinnern. Es war ein Warm-up-Workshop, der sich um die erotische Dimension von Sprache und wie man sie einsetzen kann, drehte. Wie bei allen Workshops ging es auch hier um Selbsterkenntnis und darum, sich zu öffnen, aber auch um Spaß und Kreativität. In der ersten Runde sollten wir einander unser peinlichstes sexuelles Erlebnis in die Ohren flüstern. Alle gingen herum, und sobald die Musik verstummte, war derjenige, der vor uns stand, unser Partner. Es war lustig, was die Leute erzählten und wir waren erstaunt, wie sich unsere Erzählungen im Lauf der Workshop-Zeit wandelte. Wir erzählten nicht jedem dasselbe, weil wir durch die Erzählungen der anderen inspiriert und an neue Erlebnisse erinnert wurden. Am Ende fragten wir uns wohl alle, was jetzt eigentlich noch peinlich wäre. Anschließend sollten wir in der Gruppe einen erotischen Text schreiben. Eine begann mit einem Wort, dann ging es reihum. Jede durfte nur ein Wort hinzufügen. Das hatte den Vorteil, dass die Gruppe die Verantwortung für die Geschichte hatte und nicht jede einzelne und wir uns so mehr getrauten. Absurd launige Texte, teils ohne Grammatik, dafür aber mit pornografisch-lustvollen Ausdruckweisen, entsprangen dieser Übung. »Füße lecken ohne Schokolade ist mein inneres geiles Gefühl. Aber warum sagte Zunge mir was Kaltes vorzumachen? Jedenfalls soll alles an mir runtergehen wie Öl. Sperma schmeckt mir absolut lecker! Selbst ablutschen ist schön und kann man selbst auch. Falls meine Titten mir wackeln und meine Augen lechzen, habe ich schmatzende Laute, gierige Lippen, steife Nippel, harte Säbel und unter glitschigen Schlüpfern heiße Tänze parat. Blaue Unterhosen klappern windig am Horizont. Plötzlich kommt eine dicke Möse hereinspaziert. Alle schauen gierig hinein. Mir fällts runter. Scheiße. Heute ist alles doof. Aber ich feuchte meinen Schwanz. Mein anderer Eingang lechzt nach Sauerei. Mango wäre mir jetzt in Gedanken lieber.« Herrlicher Porno-Dadaismus! Noch heute müssen wir darüber lachen, wenn wir uns daran erinnern, wie es war, diese Texte vor allen laut vorzutragen. Ein Riesenspaß! Langsam wurden wir lockerer und bereit für die letzte Übung dieses Workshops. Eine Person lag in der Mitte, die Augen verbunden, zwei lagen rechts und links von ihr und begannen, eine erotische Geschichte zu erzählen. Abwechselnd flüsterten sie derjenigen, die in der Mitte lag, ein paar Sätze ins Ohr, die andere musste anschließen. Man spürte das Prickeln, die diese Übung bei allen hervorrief. Es war eine einfache und effiziente Übung, um mit einem Teil seiner erotischen Fantasien in Kontakt zu kommen.

Im nächsten Workshop »Exhibitionismus für Schüchterne« der Grande Dame des Sexpositiven, Maggie Tappert, ging es darum, sich zu zeigen und die eigene Unsicherheit, Schüchternheit und Scham zu überwinden. Die Teilnehmerinnen saßen im Kreis. Ein Freiwilliger sollte in die Mitte gehen und etwas tun. Das klingt jetzt nicht besonders herausfordernd, ist es aber. Denn egal, was man macht oder auch nicht macht: Man muss es aushalten, von allen angesehen zu werden und im wahrsten Sinn des Wortes im Mittelpunkt zu stehen. Ein Mann ist in die Mitte gegangen, stehen geblieben, hat sich einmal im Kreis gedreht und dabei tapfer allen in die Augen gesehen. Später vertraute er mir an, dass es das erste Mal war, dass er mutig war, exklusiv so viel Platz vor anderen einzunehmen. Auch wenn es nur für einen kurzen Moment war. So unspektakulär dies vielleicht auf die anderen gewirkt hat, für diesen Teilnehmer passierte etwas Entscheidendes. Ein anderer hat sich langsam seiner Kleidung entledigt, hat es aber vorgezogen, keinen Blickkontakt mit den Zuseherinnen zu haben. Eine Frau ist von Teilnehmerin zu Teilnehmer gegangen, hat das T-Shirt hochgezogen und eine Narbe am Unterbauch gezeigt. Wieder eine andere hat sich langsam ausgezogen und sich dabei selbst mit dem Handy fotografiert. In der abschließenden Sharing-Runde zitterte sie immer noch vor Aufregung und Freude, dass sie sich dazu überwunden hatte. Sie freute sich schon, diese Fotos ihrem neuen Freund zu schicken.

Stellen Sie sich vor, Sie besuchen auf einem Festival einen Workshop, in dem es um Berührung geht. Rund 30 Menschen nehmen daran teil. Zu Beginn werden alle eingeladen, sich die Augen zu verbinden. Sie haben kaum Zeit, einen Blick in die Runde zu werfen, als sich schon durch die Augenbinde Dunkelheit breit macht. Dabei wären Sie doch so neugierig gewesen, wer noch im Raum ist. Jetzt sollen sich alle langsam auf allen Vieren fortbewegen. Sie fühlen sich etwas unsicher, jedoch erwartungsvoll, was als nächstes passiert wird. Alle müssen achtgeben, dass sie nicht mit anderen krabbelnden Menschen zusammenstoßen. Trotz oder gerade wegen des fehlenden Sehsinns sind die anderen Sinne geschärft. Sie nehmen Geräusche wahr und spüren den leichtesten Luftzug, wenn jemand an Ihnen vorbeirobbt oder Sie leicht berührt. Selbst olfaktorisch tut sich etwas: Ob Sie es wollen oder nicht, können Sie manche Menschen riechen. Plötzlich klatscht die Workshopleiterin in die Hände und sagt, dass Sie sich nur mehr so lange bewegen sollen, bis Sie bewusst einen anderen Menschen spüren. Die Workshopleiterin hilft ein wenig mit, damit sich Gruppen von drei bis vier Teilnehmern bilden. Nun kann die Berührungsübung beginnen.

Normalerweise steht in Workshops besonders am Anfang unser Sehsinn im Vordergrund. Für die meisten Menschen, die diese Art von Selbsterfahrungs-Workshops besuchen, ist die Situation mit Stress oder zumindest Aufregung verbunden. Die einen haben Sorge, ob sie überhaupt ausgewählt werden, wenn es heißt, dass man sich für die nächste Übung einen Partner suchen soll. Denn übrig zu bleiben fühlt sich schlecht an. Die anderen wollen die Übung nur mit einem bestimmten Menschen machen. Sie müssen sich beeilen, damit die Person, die sie im Visier haben, nicht weggeschnappt wird oder sich für jemand anderen entscheidet.

Wir Menschen sind Augentiere und von der ersten Sekunde an geht unsere Bewertungsarbeit los. Sie ist selten individuell, sondern orientiert sich tendenziell an den gängigen Schönheitsidealen in unserer westlichen Kultur: schlank, schön, jung, weiß.

In dieser Übung geht es jedoch ums Spüren. Sie können wie alle anderen nichts sehen. Anfangs kommen die Arme und die Beine dran. Jeweils einer liegt am Rücken, die anderen versuchen sich in unterschiedlichen Berührungsarten. Stellen Sie sich vor, Sie sind jetzt Empfangende. Sie spüren zuerst Hände mit leichtem, dann mit festem Druck, Sie spüren Fingerspitzen, die ganze Hand, Nägel, langsam, etwas schneller, etwas, das sich wie eine Feder anfühlt, aber von dem sie vermuten, dass es ein Seidentuch ist. Eine wahre Sinnessensation. Einmal flüstert Ihnen eine Frau etwas ins Ohr, bevor sie Ihnen durch Ihre Haare fährt. Wow, das fühlt sich gut an. Mit der Zeit entspannen Sie sich und genießen diese besondere Erfahrung. Beinahe hätten Sie vergessen, dass Sie gar nicht wissen, wer diese Menschen sind, die Sie berühren. Nachdem die Rollen getauscht wurden und alle drangekommen sind, kommt der spannende Augenblick. Die Augenbinden werden gelüftet und die Menschen können einander sehen. Sie sind in einer Gruppe mit drei weiteren Leuten, mit zwei Männern und einer Frau. Ein Mann ist sehr jung, um die 25 Jahre, groß, korpulent und nur mit einem rosa Rock bekleidet. Er sieht seltsam aus, finden Sie. Der andere Mann ist Mitte 50, tätowiert, mit dunkler Hautfarbe und einem Bodybilder-Körper. Die Frau könnte ungefähr in Ihrem Alter sein. Als Sie Ihr ins Gesicht sehen, bemerken Sie ein Feuermal auf der rechten Seite, das sich von der Stirn bis zum Hals zieht. Bevor Sie noch darüber nachdenken können, dass diese Menschen Sie in den letzten 60 Minuten und Sie diese Menschen berührt haben, heißt es bereits: Sharing.

Sie werden eingeladen, in der Gruppe Erfahrungen zu teilen. Nun können Sie die Menschen anders wahrnehmen:

nicht mehr kinästhetisch, sondern visuell und auditiv. Es berührt Sie, die Gefühle der anderen, die während der Übung in den unterschiedlichen Rollen aufgetaucht sind, zu hören. Sie sind erstaunt, wie viel Sie selbst von sich und Ihrem Erleben bei der Übung erzählen. Auch wenn Sie normalerweise eher schüchtern sind, sprudelt vieles aus Ihnen heraus. Sie fühlen sich im Moment diesen drei Menschen auf eine spezielle Weise verbunden. Die Zeit ist für alle zu kurz, schon geht der kurze Workshop zu Ende. Sie vereinbaren, dass Sie sich beim Abendessen treffen, um sich noch weiter auszutauschen. Auch wenn dieses Beispiel fiktiv ist, könnte es doch so gewesen sein. So unterschiedlich sind Menschen: alt, jung, dick, dünn, im Rollstuhl, groß, klein, Frau, genderqueer, trans, laut, leise, weiß, schwarz, schüchtern, extrovertiert. Neben dem angeleiteten Ausprobieren verschiedener Berührungsqualitäten hat dieser Workshop das Ziel, die Teilnehmenden erfahren zu lassen, was es heißt, ohne Vorurteile, Bewertungen und Abwertungen mit Menschen, die man noch nicht kennt, Kontakt aufzunehmen. Diese Selbsterfahrung konfrontiert uns mit den eigenen Vorurteilen, Bewertungen und Abwertungen oder mit dem Bewusstsein, uns für den eigenen Körper zu schämen. Niemand ist davor gefeit.

In den sexpositiven Szenen wurden Workshop-Formate entwickelt, die helfen, die eigenen Grenzen zu reflektieren und zu erweitern. Jeder Mensch hat Normen im Kopf. Diese Workshop-Erfahrungen machen offener und bereit, sich auch auf unbekanntes Terrain zu wagen. Wir erinnern uns an ein sexpositives Festival in England. Es war eine ähnliche Übung wie die vorhin beschriebene – nur ohne Augenbinde. Wir gingen im Raum herum und mussten uns jemand suchen, mit dem wir die nächste Übung machen. Chloe, die wir dort kennenlernten, erzählte nach dem Workshop in der Sharing-Runde von ihrem Erlebnis. Ein Mann im Rollstuhl, Dave, nickte Chloe zu. Er war schneller im Aussuchen. Chloe hatte keine Erfahrung mit Menschen im Rollstuhl und spürte Unsicherheit und Enttäuschung. So gern hätte sie die Übung mit der attraktiven Frau mit den langen schwarzen Haaren gemacht, mit der sie in der letzten Pause einen prickelnden Augenflirt hatte. Aber nun stand sie vor Dave. Sie sahen einander an und sie entschied sich in diesem Augenblick, sich auf diese Begegnung einzulassen. Es ging wieder um Berührung und darum, Erlaubnis zu geben, Nein und Ja zu sagen, sowie Gefühle und Gedanken dazu zu teilen. Bevor sie anfingen, teilte sie Dave mit, dass sie wegen seiner Behinderung unsicher ist. Er sagte zu ihr, dass er froh sei, dass sie es angesprochen habe. Dass sie einfach einmal beginnen sollten und dann miteinander reden, wenn etwas für ihn oder sie nicht passt. Dieser kleine Opener-Dialog hat Chloe, aber auch Dave entspannt. Die Übungen begannen und Chloe wurde in jeder Hinsicht berührt. Sie war erstaunt, wie wenig sie schon nach kurzer Zeit der Rollstuhl und die Behinderung – der Mann war Spastiker – irritierten. Sie konnten sich so begegnen, wie sie sich im Augenblick fühlten. Am Ende umarmten sie sich und sahen sich lang in die Augen. Chloe sah sich selbst. Sie sah ihre anfängliche Unsicherheit. Ihre Enttäuschung, weil sie die Frau mit den langen schwarzen Haaren nicht kennenlernen konnte. Und sie sah sich jetzt, nach dem Erlebnis mit einem Mann, den sie sich nicht ausgesucht hätte. Erwartungen und fixe Vorstellungen, wie etwas sein muss, hätten ihr diese wunderbare Erfahrung fast verunmöglicht. Sie war dankbar dafür.

Derartige Erlebnisse bringen uns mit den eigenen Erwartungen und Vorurteilen in Kontakt und damit, wie sehr wir in Schablonen und Normierungen denken. Vieles kann uns erst bewusst werden, wenn wir uns aktiv und explizit damit auseinandersetzen. Wir wähnen uns aufgeschlossen und tolerant gegenüber dem Fremden jedweder Art, aber oft ist es nicht so. Immer wieder gibt es neue Situationen, die erfordern, das Bekannte und Vertraute zu verlassen und auf Menschen zuzugehen, die uns fremd sind. Fremd können sie deshalb sein, weil sie anders aussehen, als wir es gewohnt sind, aus einer anderen Kultur kommen, nicht der (Schönheits-) Norm entsprechen oder viel älter oder viel jünger sind als wir selbst. Vielleicht sieht ein Mann auch nicht so aus, wie wir es gewohnt sind, dass ein Mann aussehen soll, oder sein Habitus entspricht nicht dem, was wir unter männlich subsumieren. Dasselbe gilt auch für das Bild von Frau und Weiblichkeit. In der sexpositiven Szene werden Ankündigungen zu Veranstaltungen deswegen in dieser Art formuliert: »Die Veranstaltung ist offen für Menschen jeden Geschlechts, jeglicher sexueller (Nicht-)Orientierung, jeder sexuellen Vorliebe, jeder Hautfarbe, in jeglicher Beziehungsform lebend und mit jeder Form von körperlicher Besonderheit. Lasst uns die Vielfalt feiern!«

Verbindliche Regeln für alle: Konsens an sexpositiven Orten

Wir haben im vorigen Kapitel bereits über eine wesentliche Grundlage und Haltung der sexpositiven Bewegung geschrieben: das Streben nach Konsens. Wir wollen im Zusammenhang mit sexpositiven Orten noch einmal darauf eingehen, denn die konsensuale Haltung produziert einen fundamentalen Unterschied in zwischenmenschlichen Begegnungen und auf einem Festival. Jedes Festival und jeder sexpositive Veranstaltungsraum entwickelt seinen maßgeschneiderten Verhaltenskodex, der auf den grundlegenden Prinzipien von »safe, sane and consensual« (sicher, gesund, einvernehmlich) beruht. Diese Regeln sind meist gut sichtbar im Eingangsbereich sexpositiver Orte angebracht und auf den entsprechenden Websites eingestellt. Wir haben hier exemplarisch und sprachlich leicht modifiziert eine Zusammenschau von Regeln unterschiedlicher sexpositiver Veranstaltungen erstellt. Sie veranschaulichen, wie das Miteinander in sexpositiven Umgebungen gestaltet ist.

- Wir achten in unseren Räumen auf eine konsensuale Haltung unter allen Besuchern und Teilnehmerinnen. Bitte lest unsere Regeln sorgfältig. Falls etwas für dich unklar ist und du Punkte besprechen willst, stehen wir als Veranstalter zur Verfügung.
- Du stimmst zu, dass es bei diesem Workshop um die Erforschung der Sexualität geht. Du bist verantwortlich für deine eigenen sexuellen Erfahrungen und Interaktionen mit anderen.
- Du bist damit einverstanden, dass unsere gemeinsame Haltung keinen Rassismus, Sexismus, keine Homophobie, Transphobie und Diskriminierung aufgrund von Alter, Körpereigenschaften oder körperlichen Beeinträchtigungen duldet.
- Mache keine abfälligen Kommentare oder Witze über andere. Die Teilnehmer des Festivals haben unterschiedliche Geschlechter, Sexualitäten, Beziehungsstile, Nationalitäten, Alter, Einschränkungen, Talente und kulturelle Hintergründe sowie politische oder religiöse Überzeugungen. Bitte triff keine Annahmen vorab, wie sich jemand selbst definiert: nicht im Geschlecht, nicht in der sexuellen Orientierung, nicht im Umgang mit Praktiken.
- Du erklärst dich damit einverstanden, drogenfrei zu bleiben und Alkohol in angemessener Weise zu konsumieren. Nur wer nüchtern ist, kann die volle Verantwortung für sein Handeln übernehmen und Bedürfnisse äußern.
- Sexualität braucht Vertrauen zwischen allen Teilnehmenden und eine realistische Einschätzung deiner eigenen Grenzen und Wünsche. Du stimmst sicheren Sexpraktiken und der Verwendung einer klaren und direkten verbalen Kommunikation zu. Gemeinsam erschaf-

fen wir ein Umfeld, das für alle angenehm ist. Jeder einzelne zählt und trägt zur Stimmung bei.

- Du erklärst dich damit einverstanden, vertraulich zu handeln. Dies bedeutet, dass keine Identität, Geschichten und Erfahrungen von Personen weitergegeben werden, die du hier kennen gelernt haben, außer du hast die Zustimmung der jeweiligen Person.
- Du stimmst zu, dass du in geeigneter Weise Ja oder Nein oder Vielleicht sagen kannst.
- Willst du eine Begegnung mit jemandem beginnen? Bitte frag nach und respektiere die Grenzen anderer Personen, denn Autonomie ist der Eckpfeiler der Zustimmung. Wenn du nicht sicher bist, wonach du gefragt wurdest, bitte um Klärung. Stimme nicht etwas zu, das du nicht verstehst.
- Niemand darf dich ohne deine Zustimmung berühren. Dies gilt auch umgekehrt. Jeder kann sagen, was in Ordnung ist und wann etwas nicht mehr in Ordnung ist.
- Wir ermutigen dich, immer auf deine Grenzen zu achten. Wenn du dich in einem (sexuellen) Setting nicht mehr wohl fühlst, hast du das Recht, dies zu äußern. Du musst dich nicht rechtfertigen. Du musst nicht auf das Bedürfnis der anderen Person eingehen, wenn du selbst nicht zustimmst.
- In einem sexuellen Setting kann es schwerfallen »Das gefällt mir nicht« oder »Das überschreitet gerade meine Grenze« zu sagen. Du kannst daher mit der Person, mit der du intim werden willst, Grenzen, Wünsche und Bedürfnisse besprechen, die Ampelregel einsetzen oder dich auf ein Safeword einigen.
- Die Zustimmung ist eine freiwillige Vereinbarung zwischen Personen mit Entscheidungsfähigkeit, Wissen, Verständnis und Autonomie, die ohne Zwang getroffen wird. Sie gibt jedem die Möglichkeit, ehrlich zu bestätigen oder abzulehnen.

- Zustimmung ist ein fortlaufender, aktiver Prozess, den wir in jedem Moment jeder sexuellen Aktivität immer tun (oder nicht). Wenn jemand einer Handlung zustimmt, dann nur dieser. Die Zustimmung kann auch wieder zurückgenommen werden. Jeder kann seine Meinung jederzeit ändern, auch nachdem er bereits Ja gesagt hat.
- Nicht zuzustimmen bedeutet: Stopp. Wenn jemand mit etwas nicht einverstanden ist oder mit Worten und/oder Handlungen Nein sagt, muss die andere Person aufhören, dies zu tun und darf nicht versuchen, diese Person davon zu überzeugen. Zur Erinnerung: Ein aktives, enthusiastisches Ja ist eine Zustimmung. Ein Mangel an Nein bedeutet niemals Ja.
- Die Zustimmung gilt nur, wenn alle Beteiligten in der Lage sind, eine Zustimmung zu erteilen und zu erhalten. Jede Person muss in der Lage sein, ein klares Ja oder Nein zu geben und zu verstehen. Alkohol und andere Substanzen, die den Geist verändern, Schlafmangel, Mangel an Nahrung, Unterzuckerung und andere körperliche Probleme können es unmöglich machen, im Moment richtig zu entscheiden. Emotionale Verletzlichkeit, erhebliche Trauer oder Verlust, psychische Gesundheitsprobleme und andere emotionale oder mentale Probleme hindern Personen ebenso an einer konsensualen Zustimmung.
- Bitte sprich auch über sexuelle Gesundheit. Egal, ob du monogam lebst oder auf sexuell übertragbare Krankheiten getestet bist: Safer Sex hat in unseren Räumen und bei unseren Veranstaltungen höchste Priorität. Du findest Kondome, Desinfektionsmittel und Handtücher in allen Räumen. Wenn du unsicher bist, frag einen unserer Soul-Angels, von ihnen bekommst du Unterstützung.

Auf einem Festival herrscht eine besondere Atmosphäre. Man spürt die Aufregung und Aufbruchsstimmung vieler Menschen. Das macht sie offen, empathisch und zugewandt freundlich. Die Stimmung ist heiter und verspielt. So gelingen Lernen und das Integrieren von neuen, vielleicht ungewohnten Erfahrungen am besten. Neben den Workshops ist es deswegen auch wesentlich, was sich dazwischen ereignet. Man braucht nicht nur Zeit, um das Erlebte zu verarbeiten, sondern es ist auch bereichernd und inspirierend, andere Festivalteilnehmerinnen kennen zu lernen. Die Angebote auf einem Festival sind dazu da, in neue Themen reinschnuppern zu können. Findet man Gefallen, gibt es zahlreiche weiterführende Veranstaltungen oder gar ganze Ausbildungszyklen, um mehr in die Tiefe zu gehen. Wir empfehlen Ihnen, so unvoreingenommen wie möglich, mit offenem Herzen und neugierigem Geist an so einem Festival teilzunehmen.

Wenn Sie sich als Paar entscheiden, auf ein Festival zu fahren, sollten Sie sich bereits vor dem Festival damit auseinanderzusetzen, welche Regeln und Grenzen es für Sie beide geben könnte. Sehen Sie sich das Programm genau an und besprechen Sie, welche Workshops Sie allein und welche Sie lieber zusammen machen wollen. Es kann sein, dass Sie mit Unsicherheit, Angst oder Eifersucht konfrontiert sind, weil Sie es nicht gewohnt sind, mit Menschen außerhalb Ihrer Beziehung in näheren Kontakt zu gehen – sei es, dass Sie sich näherkommen, weil es Berührung geben darf, oder weil Sie sich über Intimes austauschen. Vielleicht wollen Sie zu Beginn alle Übungen zusammen machen, um sich an die neue Situation zu gewöhnen. Manchmal kann es sich aber auch lohnen, eine Übung mit jemandem zu machen, den Sie noch nicht kennen. Vielleicht entdecken Sie so neue Seiten an sich. Vielleicht ergeben sich auch neue Impulse für Ihre Partnerschaft. Wie auch immer: Um als Paar nährende Erfahrungen zu machen, ist es wichtig, dass Sie in Kontakt bleiben und sich immer wieder Zeit nehmen, miteinander zu sprechen.

Es hat keinen Sinn, von Workshop zu Workshop zu hasten. Oft sind die Eindrücke neu, faszinierend oder irritierend und Sie brauchen Zeit, sie zu verarbeiten. Vielleicht müssen Sie Ihre ursprünglichen Vereinbarungen während des Festivals mehrmals neu verhandeln. Sprechen Sie mit anderen Paaren und teilen Sie Ihre Erfahrungen. Nutzen Sie die Gelegenheit, die Ihnen so ein besonderer Ort bietet, denn nirgendwo sonst können Sie sich derartig zu den Themenfeldern Erotik, Sexualität und Beziehung gegenseitig unterstützen. Sie werden sehen, dass es nicht nur für Sie herausfordernde Situationen gibt. Es kann sehr bereichernd sein, voneinander zu lernen und gemeinsam etwas Neues zu schaffen. Ein Festival bietet viele Möglichkeiten, einzeln und als Paar zu wachsen.

KAPITEL 8

Offene Beziehung und Polyamorie: Nicht-monogame Beziehungsformen

Mit der sexpositiven Bewegung werden auch die Beziehungsformen »Polyamorie« und »offene Beziehung« assoziiert. Für Menschen, die sexpositiv leben, sind jedoch alle Formen, von monogam bis nicht-monogam, möglich. Auch wir finden, dass jedes Beziehungskonzept sexpositiv sein kann. Entscheidend ist nicht, in welcher Form von Beziehung gelebt wird, sondern wie sie gelebt wird. Dies haben wir im Lauf unserer Beratungstätigkeit von Paaren immer wieder festgestellt: Denn jedes Paar verliert früher oder später erotische Intimität und Leidenschaft, wenn es seiner Sexualität nicht bewusst Aufmerksamkeit schenkt.

Wir beraten Paare, die unterschiedlicher nicht sein können. Manche wollen ihre Beziehung öffnen und stehen vor der Frage, wie das gelingen kann. Andere leben bereits polyamor und sind mit ernsthaften Schwierigkeiten, wie etwa starker Eifersucht, konfrontiert. Viele Paare leben monogam und kommen zu uns, weil Untreue und Affären ihre Beziehung bedrohen. Jedes Paar hat seine spezifische Ausgangssituation und braucht eine individuelle Lösung. In unserer Arbeit mit Paaren haben sich in den letzten Jahren 16 Besonderheiten herauskristallisiert, die Beziehungen nähren und sie stabil und lustvoll machen. Wir nennen solche Beziehungen sexpositiv. Am Ende dieses Buches haben wir alle

16 Merkmale beschrieben. Doch lassen Sie uns davor noch einen Blick auf polyamore Beziehungsformen werfen.

Polyamorie ist ein sehr junger Begriff. Er wurde in den frühen 1990er-Jahren in Amerika erfunden. Das Kunstwort setzt sich aus dem griechischen Wort »poly« (viel, mehrere) und dem lateinischen Wort »amor« (Liebe) zusammen. Polyamorie ist also die »Vielliebe«. Polyamor zu sein bedeutet daher »viele lieben«. Der Begriff Polyamorie darf nicht mit den Begriffen Polygamie (ein Mann mit mehreren Ehefrauen) oder Polyandrie (eine Frau mit mehreren Ehemännern) verwechselt werden. Polyamorie – oder wie der in jüngster Zeit häufiger verwendete Begriff »konsensuale, nicht-monogame Beziehung« – ist ein Sammelbegriff, unter dem eine Vielzahl an Varianten von Lebens- und Beziehungsformen zusammengefasst werden. Sie unterscheiden sich von Affären in monogamen Beziehungen grundlegend darin, dass alle Beteiligten voneinander wissen.

Bis der Begriff »Polyamorie« in Europa ankam, brauchte es seine Zeit. Im Jänner 2007 erschien im Zürcher Tages-Anzeiger der erste deutschsprachige Artikel mit dem Titel »Ich liebe dich und sie, und du liebst mich und ihn« zum Thema Polyamorie. Seitdem sind etliche Jahre vergangen und die Frage, in welcher Beziehungsform man leben will, hat in der Gesellschaft Fahrt aufgenommen. Seither berichten Zeitungen, Magazine und TV-Dokumentationen regelmäßig über Polyamorie. Immer mehr Bücher kommen auf den Markt. Auch die Wissenschaft hat das Thema entdeckt und es werden vermehrt Forschungsarbeiten dazu geschrieben. All diese Informationen ermutigen Menschen, darüber nachzudenken, ob die monogame heterosexuelle Zweierbeziehung die einzige Form ist, in der man leben kann. Oft wird diese Frage dann gestellt, wenn sich eine der beiden außerhalb verliebt. Im klassischen Modell der Monogamie gibt es in diesem Fall nur zwei Möglichkeiten: Man trennt sich und geht wieder eine neue Beziehung ein (serieller Monogamie) oder man betrügt und lebt eine Doppelmoral. Für immer mehr Menschen sind diese beiden Optionen keine guten Lösungen, denn sie lieben den bisherigen Partner immer noch, wollen ihn nicht verlieren und auch nicht belügen. Sie wollen eine ehrliche Beziehung führen und dennoch offen sein, andere Menschen in ihr Leben zu lassen. Für diese Menschen kann eine polyamore Beziehungsform möglicherweise die Antwort sein.

Auf der Suche nach der passenden Beziehungsform

Affären und Betrug reichen von One-Night-Stands bis hin zu einem Doppelleben mit einem zweiten Partner. Es kommt vor, dass Männer zwischen zwei Familien hin- und herpendeln und die Familien nichts voneinander wissen. In den letzten Jahren hat sich eine neue Form der Untreue etabliert: Cyber-Infidelity. Menschen gehen auf Plattformen, schreiben einander und tauschen Intimitäten und Fantasien aus, oft ohne sich real zu treffen. Diese Chats binden sogar manchmal mehr Aufmerksamkeit als eine wirkliche Begegnung, weil sie von der Projektion leben und mit den mobilen Geräten ständig anwesend sind. Die südafrikanische klinische Sexologin und Beziehungstherapeutin Marlene Wassermann hat bereits 2015, nachdem sie für eine Seitensprungplattform eine Studie zu diesem Thema gemacht hat, ein Buch darüber geschrieben: »Cyber Infidelity – The New Seduction«. Früher wie heute sind Betrug und Affären weit verbreitet und lösen bei den Betrogenen oft seelische Traumata aus.

Die Psychotherapeutin Esther Perel hat in ihrem Buch »Die Macht der Affäre – Warum wir betrügen und was wir daraus lernen können« mit vielen Fallbeispielen gut herausgearbeitet, dass – so tragisch dies oft für die Beteiligten ist, besonders, wenn eine Affäre unverhofft auffliegt – oft Sehnsüchte dahinterstecken: nach ungeteilter Aufmerksamkeit, danach, für jemanden etwas Besonderes zu sein, das sexuelle und erotische Feuer wieder zu spüren, nach Angstlust des Verbotenen, Begehren und begehrt werden, sich lebendig fühlen, sich durch die Augen des anderen neu sehen. Affären sind also nicht immer die Folge einer schlechten Beziehung, sondern oft der Versuch, unterdrückte Sehnsüchte auszuleben. Menschen, die polyamor leben, setzen sich mit diesen Sehnsüchten und Gefühlen bewusst auseinander – auch wenn es schwerfällt, weil es keine Patentlösung gibt, die für alle Beteiligten zu jedem Zeitpunkt passt. Gefühle lassen sich weder durch Monogamie noch mit Formeln wie »Bis dass der Tod euch scheidet« einsperren.

Markus und Ariane versuchen lange, allein mit diesem Dilemma klarzukommen, bis sie an einem Punkt angelangen, wo sie nicht mehr weiterwissen und zu uns in die Beratung kommen. Sie haben Angst, dass ihre Beziehung zerbricht. Sie lieben einander und haben ein spannendes und weitgehend lustvolles gemeinsames Leben. Markus und Ariane sind beide Anfang Dreißig und leben seit vier Jahren als Paar. Sie sind im Bereich Werbung berufstätig und keiner der beiden hat derzeit einen Kinderwunsch. Markus fühlt sich seit einem halben Jahr in der Beziehung unwohl. Er spürt immer mehr, dass er einen Teil seiner selbst nicht mehr unterdrücken kann und will. Er will neben Ariane auch mit anderen Frauen in einem intimen und emotionalen Kontakt sein. Markus erzählt, dass er sich bereits im Kindergartenalter gefragt hat, warum er sich entscheiden muss. Warum darf ich nur einen besten Freund haben? Er beschreibt sich als Mensch, der viel Liebe zu geben hat und der sich für andere Menschen interessiert. Dieses Gefühl ist schon immer da gewesen. Die monogame Lebensform, die er mit Ariane lebt, kostet ihn deswegen zunehmend Kraft. Markus spürt – wie viele Menschen, die in polyamoren Beziehungen leben

– einen starken Wunsch danach, mit mehr als einem Menschen in einer erotischen Begegnung, vielleicht sogar in einer Beziehung verbunden zu sein.

In seiner Untersuchung zu polyamor lebenden Paaren ist der Wiener Soziologe Stefan Ossmann der Frage nachgegangen, warum sich die Befragten entschieden haben, nicht mehr monogam leben zu wollen. Es zeigt sich, dass ein Großteil bereits früh gespürt hat, dass sie mit mehreren Menschen Liebe, Zugewandtheit, Intimität und Sexualität teilen und das auch von mehreren empfangen wollen. Sich zwischen Menschen entscheiden zu müssen, ist für sie keine Option. Sie wollen die Freiheit haben, jemanden kennenzulernen, etwas anderes zu erleben, Sex zu haben. Viele wollen auch emotional verbunden zu sein. Dahinter steckt die Sehnsucht, persönlich zu wachsen sowie die Erkenntnis, dass ein einziger Mensch nicht alle Bedürfnisse abdecken kann. Den Forschungsergebnissen von Stefan Ossmann zufolge sind Liebe und der Wunsch, authentisch zu leben, die wesentlichen Motive für eine polyamore Beziehung.

Auch Markus ist neugierig auf neue Begegnungen. Er will mehr entdecken, er will erleben, was er noch nicht kennt. Das fühlt sich für ihn bereichernd und lebendig an. Durch neue Begegnungen sucht er andere Seiten in sich. Gleichzeitig ist ihm die Beziehung mit Ariane wichtig. Seine Sehnsucht nach anderen Frauen ist keine Entscheidung gegen Ariane. Ariane und Markus sind im Prozess der Beziehungsöffnung. Sie müssen sich viele Fragen stellen, wie genau sie das leben wollen, sie wollen sich mit einer Veränderung in ihrem Leben auseinandersetzen und dafür eine konsensuale Entscheidung finden. Es wird ihre eigene Entscheidung sein, die für ihre Bedürfnisse passt. Sie wollen ein Paar bleiben. So haben sie in der Definition der polyamoren Welt eine »Primärbeziehung«. Sie sind füreinander wichtig und lieben einander. Beide können sich vorstellen, den Rest ihres Lebens miteinander zu verbringen, vielleicht zu heiraten und Kinder zu haben. Mit möglichen Partnerinnen und Partnern, die zu dieser Beziehung hinzukommen, werden Markus und Ariane in einer Sekundärbeziehung leben. Auch eine Sekundärbeziehung kann eine langfristige und wichtige Partnerschaft sein, die durchaus über viele Jahre bis hin zu einem ganzen Leben bestehen kann. Vielleicht kennen einander sogar alle. Vielleicht fährt man ab und zu gemeinsam in den Urlaub. Dennoch: Diese weitere Beziehung wird nie die Tragweite ihrer Primärbeziehung haben. Für Markus ist es wichtig, dass er mit Ariane eine gemeinsame Lösung findet. Er will nicht heimlich, nach dem Motto »Don't ask, don't tell«, seine Bedürfnisse leben. In dieser Beziehungsform gibt es grundsätzlich das Einverständnis, dass alle unabhängig voneinander Sexualpartner haben können. Man fragt aber nie konkret nach und erzählt auch nichts darüber. Für Markus ist dies keine Option, da er in einer Beziehung mehr als Sex braucht und das auch ausleben will. Er will sich zeigen und mit Ariane auch diesen Teil seiner Persönlichkeit teilen. In keiner Beziehung lässt sich voraussagen, wie sie sich entwickelt. Wenn Ariane und Markus es schaffen, weiterhin in ehrlichem Kontakt zueinander zu bleiben, könnte im Lauf der Zeit rund um ihre Primärbeziehung ein loses polyamores Netzwerk wachsen, in dem alle einander kennen, aber nicht jeder mit jedem intim ist.

Vorurteile gegenüber der Polyamorie

Paare, die nicht monogam leben, sind noch immer die Ausnahme. Unbekannte Lebensmodelle erzeugen schnell Ängste und sind Nährboden für Vorurteile. Auch Markus ist damit konfrontiert und verunsichert. Wie viele Menschen, die über nicht-monogame Beziehungsformen nachdenken, hat auch Markus fast keine Möglichkeit, sich mit jemandem auszutauschen. Er zweifelt, ob seine Sehnsucht richtig ist oder ob er einfach nur zu schwach ist, um mit Ariane in einer monogamen Beziehung zu leben.

Das herrschende Narrativ seit dem 18. Jahrhundert lautet: Es gibt nur eine wahre Liebe – und das ist die romantische Liebe zwischen zwei Menschen. Sie ist die Basis für eine Beziehung. Wenn man mehrere Menschen gleichzeitig liebt, kann das keine richtige Liebe sein und passt somit nicht ins monogame Beziehungskonzept. Monogamie ist ein gesellschaftliches Konstrukt, das einen bestimmten Nutzen verfolgt, wie wir in Kapitel 2 bereits erläutert haben. Was normal und moralisch ist, hängt von unseren Zuschreibungen ab. Wenn wir in die Geschichte der Sexualität und Beziehungsformen zurückblicken, sehen wir, dass sie sich wandeln. Was in einem Jahrhundert als richtig galt, kann im nächsten Jahrhundert verpönt sein und umgekehrt. In unserer Gesellschaft wird entsprechend der christlichen Moral (»Du sollst nicht begehren deines nächsten Weib«) der sexuellen Treue ein hoher Wert beigemessen. Jemandem, der mehrere Menschen lieben möchte, wird unterstellt, dass er sich nicht disziplinieren kann, respektlos der Partnerin gegenüber ist und egoistisch seinen Gelüsten folgt. Ihm wird unterstellt, dass er seinen Partner nicht liebt. Doch auch in einer monogamen Partnerschaft kommt es vor, dass sich Menschen außerhalb verlieben. Gefühle kann man nicht einfangen und verbieten. Treue muss nicht automatisch bedeuten, dass der Partner einem sexuell exklusiv »gehört«. Treue kann auch das Versprechen sein, ehrlich zu sein und die Partnerin dadurch zu respektieren. Treue kann auch bedeuten, für den Partner da zu sein – und das für einen langen Zeitraum. Wenn Treue nicht mehr Besitz bedeutet, sondern stattdessen für ein loyales und kooperatives Verhältnis mit der Partnerin steht, dann ist es ein lohnendes Ideal für jede Beziehungsform, gleich, ob es sich nun um Polyamorie oder Monogamie handelt.

Polyamor lebende Menschen sind auch oft mit dem Vorurteil konfrontiert, beziehungs- und bindungsunfähig zu sein. Das ist sicher auch manchmal der Fall, genauso wie bei Menschen, die in monogamen Beziehungen leben. Es ist aber sicher keine Eigenschaft, die polyamoren Menschen eigen ist. In funktionierenden polyamoren Beziehungen schenken alle Beteiligten einander bewusst viel Aufmerksamkeit, denn sonst funktionieren sie nicht. Damit das Netz der Beziehungen stabil bleibt, müssen sich alle Partner sicher fühlen. Unsicherheiten, die in diesen Beziehungskonstellationen selbstverständlich entstehen, können nur durch Zugewandtheit und Kommunikation aufgelöst werden. Kelly Neff beschreibt polyamore Paare in ihrem Buch »Sex Positive – Redefining our Attitudes to Love and Sex« so: Polyamore Paare geben sich häufiger als monogame Paare aktive Wertschätzung. Sie sagen ihrem Partner daher häufiger als gewöhnlich, dass sie ihn lieben und wie wichtig er in ihrem Leben ist. Sie schenken einander Aufmerksamkeiten und suchen im Alltag Berührungen. Diese Zuneigungsbekundungen sind eine wichtige Rückversicherung, um miteinander verbunden zu bleiben und die Beziehung nicht zu gefährden.

Immer wieder wird polyamor lebenden Menschen vorgeworfen, dass sie mehr nehmen als geben, keine Verantwortung tragen und noch weniger Opfer bringen wollen. Alle Gespräche, die wir mit polyamor lebenden Menschen geführt haben, beschreiben genau das Gegenteil: Ohne Verantwortung füreinander können diese Beziehungsnetzwerke langfristig nicht am Leben bleiben. Verantwortung hat in offenen und polyamoren Beziehungsformen einen hohen Stellenwert, denn getroffene Vereinbarungen müssen für alle bindend sein. Alle Partnerinnen sollen sich darauf verlassen können, dass gemeinsame Regeln nicht gebrochen werden. Das hört sich leichter an, als es ist. Dafür ist ein laufender Aushandlungsprozess notwendig, damit sich niemand zurückgestoßen und verletzt fühlt und alle Bedürfnisse in den Vereinbarungen berücksichtigt sind. Dies ist manchmal umso schwieriger, weil Bedürfnisse auch gegensätzlich sein können. Deswegen ist intensive Beziehungsarbeit notwendig. Jeder ist für das Wohlergehen der anderen mitverantwortlich und kann sich nicht nur egoistisch holen, was er gerade braucht.

Kehren wir wieder zurück zu Markus und Ariane. Wie geht es Ariane, die sich bislang wenig mit den oben beschriebenen Themen auseinandergesetzt hat? Sie hat noch nicht Nein gesagt, obwohl viele Fragen durch ihren Kopf schwirren und Angst und Irritation in ihr hochsteigen. Ariane gehört zu jenen Menschen, die nicht aus sich heraus polyamor leben wollen. Markus ist ihr wichtig, deshalb will sie sich mit seinen Wünschen auseinandersetzen. Kann sie sich in einer polyamoren Beziehung wohlfühlen? In erster Linie hat sie Angst, dass Markus und sie sich als Paar verlieren. Ihre Angst ist berechtigt. Gerade zu Beginn benötigt das Öffnen einer Beziehung viele Gespräche und kleine Schritte. In unsere Praxis kommen viele Menschen, die genau an diesem Punkt ihrer Beziehung stehen. Der Prozess erfordert eine genaue Auseinandersetzung mit Bedürfnissen. Wie bei unserem Paar erleben wir es oft, dass einer mehr zieht als die andere. Ariane ist zuerst vor den Kopf gestoßen und kämpft mit unangenehmen Gefühlen. Im Moment kann sie sich nicht vorstellen, wie es funktionieren soll. Wenn das Hauptmotiv am Beginn der Öffnung ist, es für den Partner zu versuchen, ist das allein auf Dauer nicht tragfähig. Ausgeglichen ist die Situation erst, wenn Ariane auch für sich einen Benefit sieht. Vielleicht ist sie froh, einen entspannteren Markus neben sich zu haben. Vielleicht genießt sie schon bald selbst neue Erfahrungen mit neuen Menschen. Vielleicht freut sie sich über sexuelle Impulse. Oder aber sie ist froh, dass Markus nicht heimlich fremdgeht. Sie merken: Es gibt viele Motive.

Es kann sein, dass Ariane in bestimmten Phasen merkt, dass ihre persönlichen Grenzen überschritten wurden und sie die Situationen nicht mehr erträgt. Es muss jedem erlaubt sein, Stopp zu sagen, auch wenn es andere Vereinbarungen gibt. Polyamore Beziehungen sind keine Unternehmen, in denen alles durchgezogen wird, unabhängig davon, wie es den Beteiligten geht. Die Partnerinnen müssen einander unterstützen und Rücksicht aufeinander nehmen. Jeder braucht einmal die Warmherzigkeit und Empathie der anderen. Wenn Ariane ihre eigenen Grenzen respektiert und ausdrückt, kann Markus sie wahrnehmen. Beide müssen sich auf einen ständigen Aushandlungsprozess einstellen. Doch je mehr die beiden über ihre Grenzen sprechen, desto höher ist die Chance, dass sie Lösungen finden. Grenzen können sich zum Beispiel auf die Ausgestaltung der Beziehung beziehen, etwa auf die Anzahl und den Wechsel der Partner oder die Häufigkeit der Begegnungen. Kann man außer Haus übernachten oder auf Urlaub fahren? Wie viele Messages sind im Alltag erträglich? Wo fängt Safer Sex an und wo hört er auf? Ein Kondom ist obligat. Aber ein Lecktuch? Die Grenzen können sich aber auch auf das persönliche Erleben beziehen. Wie gehe ich damit um, wenn meine Partnerin zum ersten Mal mit jemand anderem Sex hat? Es ist essenziell für das Gelingen einer polyamoren Beziehung, dass sich diese in einer Geschwindigkeit entwickeln kann, mit der sich alle Beteiligten wohlfühlen. Langsamkeit und Achtsamkeit sind wesentlich, damit die Idee nicht an den eigenen Idealen scheitert.

Über vieles kann man Vereinbarungen treffen. Bei der Qualität der Beziehung und der Intensität der Gefühle wird es allerdings schwieriger. Kontakt, Freundschaft und Sex sind in Ordnung, aber Verliebtheit oder Liebe? Oder gar Zukunftspläne schmieden? Spätestens hier beginnt bei vielen die Eifersucht.

Die Sache mit der Eifersucht

Eifersucht kann Beziehungen zerstören. Sie ist auch ein großes Thema in non-monogamen Beziehungen. Deshalb setzt sich niemand so genau und konstruktiv mit Eifersucht auseinander, wie nicht-monogam lebende Menschen. Genau genommen ist Eifersucht kein singuläres Gefühl, sondern ein explosiver Cocktail aus unterschiedlichen Gefühlen wie Angst, Minderwertigkeitsgefühl, Wut, Neid, Missgunst, Trauer, Einsamkeit, Versagen, Schuld, Ohnmacht und Verzweiflung. Niemand will diese Gefühle haben. Und dennoch: Beinahe jeder wurde schon einmal davon überwältigt. Wir haben nicht gelernt, mit Eifersucht so umzugehen, dass sie die Beziehung nicht schädigt. Auch Ariane ist eifersüchtig und zweifelt, ob sie jemals produktiv damit zurechtkommen kann.

Kennen Sie das Gefühl, wenn die Eifersucht siedend heiß wie eine schlechte Droge einschießt? Viele spüren ein brennendes Ziehen an der Kopfhaut, manchen schnürt es den Hals oder den Magen zu und andere spüren schmerzhafte Stiche in der Herzgegend. Das Gefühl ist mächtig. Man kann es als qualvoll erlebten Liebesentzug beschreiben – überbordend und existenziell. Der Eifersüchtige versucht dann mit allen Mitteln, sein Liebesobjekt an sich zu binden. Weinend verlangt er Liebesbeweise. Kontrollierend greift er in die Privatsphäre ein. Er sucht nach Beweisen für den Betrug. Er durchforstet E-Mails, Manteltaschen und Chatverläufe. Er gebärdet sich drohend, aggressiv oder selbstverletzend. Die Eifersüchtige ist außer sich. Ihre Welt ist am Zerbrechen. Der Boden wankt. Die ganze Beziehung ist in Frage gestellt, am meisten aber ihr eigener Selbstwert. Als Häufchen Elend versucht sie sich aufzurichten, indem sie die Schuld an ihrem Zustand im Fehlverhalten oder noch schlimmer im Begehren ihres Partners nach jemand anderem findet. Der Eifersüchtige hat die Sinne geschärft. Er nimmt kleinste Veränderungen in den Routinen des Partners wahr. Warum legt er jetzt sein Handy mit dem Display nach unten auf den Tisch? Warum will er nicht mehr so oft Sex? Warum hat er sich bei der Party so lang mit dem attraktiven Mann unterhalten? Warum geht er auf einmal ins Fitnesscenter und achtet auf seine Figur? Warum, warum, warum? Verzweiflung kommt von Zweifel. Und der Zweifel nagt und nagt und frisst sich als Eifersucht wie Gift in die Beziehung. Unzählige Tragödien in Theater, Film und Literatur handeln davon. Unzählige Songs wurden darüber geschrieben. Eifersucht ist eine der häufigsten Ursachen für Partnerschaftsprobleme und oft sogar Auslöser von Gewalt. Die meisten Morde an Frauen werden von eifersüchtigen Männern begangen. An der Psychiatrischen Klinik der Universität Innsbruck gibt es seit 2009 sogar die erste deutschsprachige Eifersuchtsambulanz. Sie hilft jenen Menschen, bei denen die Eifersucht krankhaft eskaliert. Dann handelt es sich um wahnhafte Unterstellungen, die jeglicher Realität entbehren. So schlimm endet es nicht immer. Aber wer einmal richtig eifersüchtig war, der kann nachfühlen, welch destruktive Kräfte in einem hochkommen.

In monogamen Beziehungen unterscheidet man zwischen der begründeten und der unbegründeten Eifersucht. Zu letzterer findet man ein Sammelsurium an Ratgeberliteratur und Artikel, wie man dieses Gefühl bekämpft. Dabei wird immer darauf verwiesen, dass Eifersucht auch ein Alarmzeichen dafür sein kann, dass in der Beziehung etwas nicht stimmt und der Partner vielleicht wirklich fremdgeht. Was aber machen polyamore Menschen? Hier geht es tatsächlich darum, dass die Partnerin mit einem anderen Menschen in intimem Kontakt ist. Was in den meisten monogamen Beziehungen der schiere Alptraum ist, erheben polyamore Menschen zur Regel: Begehren, Gefühle und reale Begegnungen des Partners mit anderen sind erlaubt und dürfen ausgelebt werden. Menschen, die in nicht-monogamen Beziehungen leben, verstehen Eifersucht weder als absolute Eigenschaft noch als unabänderliches Gefühl. Selbstverständlich gibt es Eifersucht auch in diesen Beziehungen. Doch polyamore Menschen fragen genau nach, was im Moment eifersüchtig macht und was sie tun können, damit die Eifersucht wieder kleiner wird. Jeder Mensch hat andere Grenzen, andere »Trigger« (Auslöser für eine Emotion). Für die einen ist es der Geschlechtsverkehr ohne Kondom, für die anderen das Händchenhalten in der Öffentlichkeit oder das gepostete Liebespaar-Selfie auf Instagram. Oft erleben wir in der Beratung, dass Menschen, die sich einig sind, polyamor zu leben, dennoch viel Energie darauf verwenden, aus Eifersucht akribisch und millimeter- und sekundengenau Vereinbarungen zu kontrollieren. Zeit und Aufmerksamkeit für die neue Beziehung werden in die Waagschale geworfen. Wer darf wen wann wie oft sehen? Was macht man mit wem gemeinsam und was nicht? Welcher Sex wird mit der neuen Geliebten praktiziert? Was zählt mehr – die neue oder die langjährige Liebe? So mühsam diese bohrenden Fragen sind und so sehr eifersüchtige Gefühlsausbrüche die Stimmung dominieren: Polyamore Menschen haben Verständnis dafür. Man könnte fast sagen: Sie sind darauf vorbereitet. Sie erachten die Auseinandersetzung damit als konstitutiven Teil ihrer Entwicklung, individuell wie auch in den Beziehungen. Der Eifersüchtige muss seine Eifersucht nicht verleugnen. Im Gegenteil: Er bekommt Unterstützung von seiner Partnerin. Das zermürbende, schlechte Gefühl der Eifersucht wird nicht noch mit Liebesentzug bestraft. Die Eifersucht ist ohnehin schon schlimm genug. Diejenigen, die also gerade mehr aus dem Vollen schöpfen, geben besonders liebevolle Zuneigung und Präsenz. Geduldig werden die Situationen, in denen die Eifersucht sich breit gemacht hat, besprochen und Lösungen für ein nächstes Mal gesucht. Für eine Klientin von uns ist es zum Beispiel wichtig und beruhigend, dass sie jederzeit anrufen kann, wenn ihre Lebensgefährtin bei ihrer Geliebten ist.

Therapeutisch könnte man die Strategie auch so erklären, dass polyamore Menschen mit der Eifersucht wie in einem Konfrontations- oder Desensibilisierungstraining umgehen. Wenn der Eifersüchtige erlebt, dass die Partnerin nach dem Treffen mit dem neuen Geliebten wieder zurückkommt und Nähe herstellt, wenn also Beziehungsarbeit passiert, dann verändert sich Stück für Stück die Bewertung einer Situation. Es ist so, wie wenn der Klaustrophobiker wieder und wieder die Angst auslösende Situation aufsuchen muss, etwa in den Fahrstuhl steigen, um am Ende zu merken, dass nichts Schlimmes passiert. Der Fahrstuhl ist nicht abgestürzt. Er ist nicht darin erstickt. Damit ist der Fahrstuhl irgendwann nicht mehr als Gefahrenzone im Gehirn verschaltet. Eigentlich fürchtet die Eifersüchtige nicht die andere Person oder die jeweilige Situation, sondern die damit verbundenen Konsequenzen. Die schlimmste Konsequenz wäre, dass die Beziehung abhandenkommt. Für manche ist auch die Vorstellung, einen exklusiven Status in einem Bereich zu verlieren, unerträglich. Sitzt der Eifersüchtige zuhause, während die Partnerin ihr Date hat, kreisen die Gedanken unentwegt um diese Situation. Er malt sich das Schlimmste aus. Und immer mehr versetzen ihn seine Gefühle in den größtmöglichen Gefahrenzustand. Unruhe und Beklemmung übernehmen das Ruder. Es ist nicht verwunderlich, dass die meisten Menschen versuchen, eine Situation zu vermeiden, in der sie in diesen entsetzlichen Zustand kommen. Was kann man also dagegen tun? Flucht und Unterdrückung ist sicher die schlechteste Bewältigungsstrategie. Sie können allerdings Ihre Gedanken beeinflussen. Sie können allein oder auch mit ihrer Partnerin überprüfen, ob diese Situation, also die neue Beziehung oder Begegnung wirklich gefährlich ist, ob sie die bestehende infrage stellt oder gar zerstört. Wir wollen hier nicht beschönigen, dass das nicht auch der Fall sein kann. Wie es in monogamen Beziehungen vorkommt, gehen auch polyamoren Beziehungen immer wieder zu Ende – ob mit oder ohne Außenbeziehung, ob mit oder ohne Affäre. Deswegen ist es an der Stelle hilfreich, sich das Schlimmste, das passieren kann, vorzustellen: Was bin ich ohne Beziehung? Ist mein Leben nur in dieser Beziehung lebenswert? Das sind Fragen, die es sich lohnt, auch abseits dieser aktuellen krisenhaften Gefühle zu stellen. Polyamore Menschen sind normalerweise nicht auf der Suche nach anderen Liebespartnern, um die bestehende Beziehung zu beenden, sondern streben meist eine Erweiterung an. Wenn sie beständig daran arbeiten, wird die Eifersucht mit der Zeit schwächer und verliert ihren absoluten Schrecken. Die ursprünglich angstmachende Situation verbindet sich mit neutralen Gefühlen. Der Stress lässt nach. Wir haben uns an die Situation gewöhnt. Im Idealfall haben wir unsere Grenzen erweitert und die Eifersucht zur Mitfreude transformiert. In diesem Zustand können wir uns mit dem Partner über seine Erlebnisse freuen und sind nicht mehr ängstlich oder wütend.

Für die schrittweise Bewältigung der Eifersucht sind Sie also einerseits selbst verantwortlich, indem Sie sich mit allen dazugehörigen Aspekten Ihren Gefühlen stellen. Sie können die Situation neu bewerten, Ihre Körperreaktionen beobachten und alternative Verhaltensweisen ausprobieren. Sie können die Eifersucht nur überwinden, wenn Sie sie nicht verdrängen. Vielleicht ist die Eifersucht der Anlass, sich gründlich mit sich selbst auseinanderzusetzen. Was macht Ihnen Angst? Und es ist an dieser Stelle auch sinnvoll, zu fragen, wie es um die Beziehung bestellt ist. Eine Status-quo-Analyse bringt vielleicht Einsichten dazu, was schon länger nicht mehr passt und bietet die Chance einer positiven Veränderung. All diese Anstrengungen um Selbsterkenntnis machen Sie autonomer. Sie belohnen Sie mit mehr Freiheit, weil Sie mehr Handlungsoptionen haben. Diese Selbstwirksamkeit steigert Ihre Selbstsicherheit. Abhängigkeit macht schwach und ist auf Dauer weder anziehend noch attraktiv. Neben dieser Arbeit an sich selbst empfehlen wir außerdem, sich ein unterstützendes Umfeld zu suchen. Suchen Sie sich Freundinnen, die polyamor leben und die sie bestärken und unterstützen oder welche, die zumindest nicht reflexartig negativ darauf reagieren. Treten Sie mit sogenannten »Polytreffs« oder »Polygruppen« in Kontakt. Wenn Sie Menschen kennenzulernen, die diesem Thema offen gegenüberstehen, dann befinden Sie sich nicht ständig in einem Verteidigungsmodus und können von Erfahrungen anderer lernen.

Allerdings können Sie noch so viel an sich arbeiten, doch wenn sich Ihr Partner nicht kooperativ und liebevoll verhält, ist die Sache zum Scheitern verurteilt. Ihm kommt jetzt nämlich besonders die Aufgabe zu, darauf zu achten, dass er nicht das Gleichgewicht gefährdet, weil er zum Beispiel der neuen Begegnung mehr Raum gibt als der Primärbeziehung. Es kann sein, dass er in Gedanken abschweift und nicht präsent ist oder auf einmal wenig Zeit für gemeinsame Unternehmungen hat und Nähe und Intimität vermeidet. Christine erzählt uns, dass sie in den ersten Wochen kein Problem mit Hannah, der neuen Geliebten ihres Ehemanns Joe, hatte. Sie war schließlich ursprünglich selbst die Initiatorin, die Beziehung zu öffnen. Als Joe allerdings ihren 50. Geburtstag vergisst und dann zu allem Übel während des eilig organisierten Essens in den Garten geht und gefühlte Stunden mit Hannah telefoniert, trifft Christine die Eifersucht mit voller Wucht. Joe ist von seiner neuen Leidenschaft überwältigt und macht keinen Hehl daraus. Er kann an nichts anderes mehr denken und will so oft wie möglich mit Hannah in Kontakt sein. Die Situation eskaliert. Er reagiert zunehmend abweisend auf Christines Gefühlsausbrüche. Ihre Eifersucht nervt ihn. Er fühlt sich kontrolliert und in seinen frischen Verliebtheitsgefühlen gestört. Was aber noch schlimmer ist: Er versucht zu kalmieren, meint, sie reagiere über, und am Ende lügt er sie wiederholt an, nachdem er Abmachungen missachtet hatte. Joe ist sichtlich mit der Situation überfordert. Er bekommt auch von Hannah Druck: Sie will mehr und verbindlichere Zeit mit ihm verbringen. Er hat keine Idee, wie er die Situation mit den beiden Frauen handhaben soll. Dieses Beispiel zeigt, dass die Öffnung einer Beziehung integere, erwachsene und verantwortungsbewusste Persönlichkeiten braucht, die auch in Extremsituationen in Verbindung bleiben können. Sie verlangt allen Beteiligten ab, ehrlich zu sein, Grenzen zu erweitern und vor allem sensibel, liebevoll und mitfühlend zu bleiben. Das gilt auch für jene Menschen wie Hannah, die in ein bestehendes Beziehungssystem dazukommen. Ihre Rolle birgt ebenso Gefahren und Herausforderungen. Einerseits ist es wichtig, dass sie das bestehende System respektiert und nicht intrigiert – schnell hat sich Hannah über Christine gestellt, beflügelt von Joes Verliebtheit hat sie das Gefühl, sie könne Joes Bedürfnisse besser erfüllen als Christine. Andererseits müssen die neu Hinzugekommenen auch auf sich aufpassen. Nur weil sie dazukommen, sind sie keine Menschen zweiter Klasse und dürfen ebenso ihre Bedürfnisse äußern. Es ist wenig verwunderlich, dass diese Konstellation am Ende zerbricht und zumindest bei Christine ein emotionales Trauma hinterlässt. Vermutlich haben aber Christine und Joe sich schon früher verloren und die Beziehung zu Hannah hat diesen Prozess nur beschleunigt.

Wenn Sie Ihre Beziehung öffnen wollen, sprechen Sie schonungslos darüber, was Ihre (gemeinsamen) Beweggründe sind. Seien Sie ehrlich zu Ihrem Partner und zu sich und stellen Sie sich folgende Fragen:

Läuft Ihre Beziehung nicht mehr gut, haben Sie sich von Ihrem Partner entfremdet und sind müde, in Beziehungsarbeit zu investieren?

Wollen Sie ohne Rücksicht tun und lassen können, was Sie wollen?

Haben Sie die Idee, eine Affäre unter dem polyamoren Deckmantel gegen den Willen der Partnerin zu legitimieren?

Wollen Sie im Grunde Ihres Herzens den Partner ersetzen? Wenn Sie nur eine dieser Fragen mit Ja beantworten, dann wäre das eine schlechte Voraussetzung für eine wie auch immer gestaltete Öffnung der Beziehung. Solche Modelle haben nur dann eine Chance, für alle Beteiligten positiv zu verlaufen, wenn sie nicht aus einer Krise in der bestehenden Beziehung heraus entstehen. Wenn Ihre aktuelle Beziehung in Schwierigkeiten ist, dann investieren Sie Aufmerksamkeit und Herzensenergie und flüchten Sie nicht. Polyamore Beziehungen gelingen erst, wenn sie aus einer gesunden und kraftvollen Beziehung entstehen.

Auch Markus und Ariane können scheitern, wenn eine destruktive Asymmetrie entsteht. Das Ideal der Polyamorie ist eine Win-win-win-Situation für alle Beteiligten. Wenn es am Ende jedem besser geht als zuvor, ist das Öffnen der Beziehung geglückt. Alle sollen von dieser Beziehungskonstellation profitieren, in ihrer Persönlichkeit wachsen und etwas Neues erleben. Jeder kann und muss deshalb mithelfen, das System auf seine Weise zu bereichern.

Wenn wir frischen Wind in die Beziehung hineinlassen, indem wir die Partnerin an den neuen Erfahrungen teilhaben lassen, kann sich die Eifersucht abschwächen. Im Idealfall mögen sich die Beteiligten sogar und bilden Freundschaften. Dies ist jedoch eine hohe Kunst und erfordert viel Sensibilität vom »Center«, also von der Person, die in der Mitte der Beziehungskonstellation steht. Wenn ein Gefühl der Entzweiung entstanden ist, lohnt es sich, mit dem Partner ein persönliches Ritual zu etablieren, etwa eine Massage, eine Reise oder eine andere gemeinsame Aktivität, die so rasch wie möglich wieder Nähe spüren lässt. Über Erfahrungen zu sprechen, missglückte Strategien wieder zu verwerfen und Neues auszuprobieren, sollte selbstverständlich sein. Nur so bleibt die Beziehung in Bewegung. In diesem Prozess sind Geduld und der Wille gefordert, individuell und gemeinsam an der Beziehung zu arbeiten.

KAPITEL 9

Agnes und Nicola: Eine sexpositive Beziehung

Wir stellen ihnen nun ein sexpositives Paar vor, in dem wir uns auf die erotische Komponente dieser Beziehung konzentrieren. Lassen Sie sich von Agnes und Nicola inspirieren. Das Beispiel von Agnes und Nicola illustriert, wie eine sexpositive Haltung innerhalb einer Beziehung die Sexualität zweier Menschen beeinflusst, verändert und erweitert. Agnes und Nicola haben uns einige ihrer Nachrichten zur Illustration für dieses Buch gegeben.

Als Agnes zu uns in die Praxis kommt, ist sie 39 Jahre alt und seit einem Jahr von ihrem Mann geschieden. Einerseits will sie die Trennung aufarbeiten, andererseits ist sie auf der Suche nach ihrer Erotik. Sie war zwölf Jahre lang verheiratet. Sexualität spielte in den letzten Jahren ihrer Ehe keine große Rolle mehr. Aber auch in den Jahren zuvor hatte sie nie das Gefühl, ihr erotisches Potenzial leben zu können. Sie weiß, dass ihre Lustlosigkeit in ihrer Ehe damit zu tun hatte. Während ihrer Beziehung hatte sie keine Ahnung, wie sie das ändern konnte. Das Thema Sexualität führte immer wieder zu Streit. Mehrmals hatten sie und ihr Mann deswegen Hilfe und Anregung in einer Paarberatung gesucht. Sie konnten zwar einige Aspekte in ihrer alltäglichen Kommunikation klären und verbessern, fanden jedoch zu keiner gemeinsam erfüllenden Intimität und Erotik. Die beiden scheiterten daran, eine ehrliche, authentische Kommunikation über Sexualität zu etablieren. Sie blieben in gegenseitigen Erwartungen und Vorwürfen hängen. Frustration gesellte sich zur Sprachlosigkeit. Am Ende beschlossen sie, getrennte Wege zu gehen.

Agnes ist auf der Suche nach einer nährenden, erfüllenden und lustvollen Beziehung. Sie sehnt sich nach Intimität und Leidenschaft. Sie sieht sich selbst als verspielt und experimentierfreudig, hat aber das Gefühl, dass sie das noch nie wirklich ausleben konnte. Den Begriff »sexpositiv« kennt sie anfangs nicht. Wir übersetzten ihre Bedürfnisse mit sexpositiven Begrifflichkeiten und begleiteten sie auf ihrem Weg. Agnes will sich aktiv auf die Suche nach einem Mann machen. Nur wie? Die Idee, ein Profil auf einer Dating-App zu schalten, ist Agnes anfangs unangenehm. Ist das nicht demütigend?, fragt sie. Wir bestärken sie darin, es auszuprobieren. Agnes sucht keine eheähnliche Beziehung. Sie ist für vieles offen und kann sich auch eine Liebschaft vorstellen. Was sie sich nicht vorstellen kann, sind einmalige Begegnungen, denn sie braucht Vertrauen und Wiederholung, bis sie mit jemanden das entwickeln kann, wonach sie sich sehnt: Eine Erotik und Sexualität, in der sie sich entfalten und selbst entdecken kann. Wir schlagen Agnes vor, einen Text zu schreiben, der ausdrückt, was sie sich derzeit wünscht. Agnes ist überrascht, wie schnell sie passende Worte findet. In der Anonymität der Internets traut sie sich, ihre Sehnsüchte in Worte zu kleiden. Sie nennt ihr Profil »Bodytalk«. Wir geben mit ihrem Einverständnis den Text leicht gekürzt wieder:

»Ich suche einen charmanten Liebhaber, der mit mir ins abenteuerliche Reich der Sinne reist. Kopfkino trifft auf reale Inszenierung. Ich will schmecken, riechen, fühlen, sehen, imaginieren, fantasieren. Ich will berühren und berührt werden. Ich will bewundern und bewundert werden. Ich will mich in dir spiegeln und erkennen, was ich noch nicht kenne. Ich mag viele Worte: davor, danach und währenddessen. Ich suche einen Mann, der in keiner Rolle gefangen ist. Ich suche einen Mann, der sich hingeben und staunen kann. Ich suche einen Mann, der keine Angst vor Gefühlen hat. Hast du Lust, mit mir gemeinsam auf die Jagd zu gehen? Eine Frau für ein Spiel zu dritt zu finden? Oder einen schönen Mann? Traust du dich, mit mir einen Tantra-Massagekurs zu besuchen? Ich bin bereit für Neues! Schreib mir, wenn du dich in meinen Worten wiederfindest.«

Als sie den Text geschrieben hat und ihn in unserer Stunde laut vorliest, ist Agnes von ihren eigenen Worten angetan. Sie ist aufgeregt. Das Schreiben hat bereits eine Veränderung ihres inneren Zustands bewirkt. Sie fühlt sich nun mutig genug, den nächsten Schritt zu gehen. Wenige Tage später geht sie mit dem Text online. Es dauert einige Wochen, viele Kontakte per E-Mail und Telefon und an die zehn Treffen mit potenziellen Kandidaten liegen hinter ihr, bis sie Nicola, 31 Jahre alt, trifft. Er spricht sie vom ersten schriftlichen Kontakt an und scheint dasselbe zu suchen wie sie. Schon bald werden sie ein Liebespaar. Nicola wohnt in Budapest, ist dort in einem internationalen Konzern tätig und muss beruflich zweimal im Monat nach Wien fahren, wo Agnes lebt. Meist legt er seine Termine auf Freitag oder Montag, sodass er drei Tage mit Agnes verbringen kann. Nicola erzählt Agnes beim ersten Treffen, dass er genderfluid ist. Das heißt, er fühlt sich manchmal als Frau und manchmal als Mann und manchmal weder noch. Manchmal trägt er eine Perücke und hohe Schuhe. Manchmal verwendet er Accessoires wie Schmuck, Handtasche und schminkt sich. Dann will er mit dem weiblichen Personalpronomen angesprochen werden, ansonsten passt aber sprachlich für ihn die männliche Form. Deswegen werden wir, wenn wir über Nicola schreiben, auch manchmal weibliche Pronomen verwenden. Lassen Sie sich davon nicht verwirren, auch wenn es für Sie ungewöhnlich ist. Auch wenn Nicola sich ebenso in Jeans und Turnschuhen wohlfühlt und sich manchmal einen Drei-Tages-Bart stehen lässt, fühlt er sich immer wieder als Frau. Agnes hat noch nie einen genderfluiden Menschen kennengelernt. Doch ihr Profiltext drückte aus, dass sie einen Mann sucht, der die traditionellen Rollen, wie Männer und Frauen (in der Sexualität) zu sein haben, infrage stellt. Mit Nicola hat sie einen Menschen gefunden, der sogar noch einen Schritt weiter geht und sich in seinem Habitus, Erscheinungsbild und in seiner Identität nicht eindeutig zuordnen will und klassische Geschlechterrollen und Geschlechteridentitäten verweigert. Der Satz »Ich suche einen Mann, der in keiner Rolle gefangen ist« in ihrem Profil ist so noch radikaler in Erfüllung gegangen, als Agnes sich das ursprünglich vorgestellt hat. Sie freut sich, dass sie Nicola getroffen hat.

Vom ersten Moment an sind sie über Sprache verbunden. Diese Vorliebe stand ebenso in ihrem Profiltext. Die beiden lieben es, sich schriftlich und mündlich auszutauschen. Agnes hat einen Gefährten gefunden, mit dem sie ihre Leidenschaft, sich mit Worten auszudrücken, mal poetisch, mal diskursiv und reflektierend, teilen konnte. Ihre Nachrichten via E-Mail oder Messenger werden zum virtuellen Band zwischen den Treffen. Es macht ihnen Spaß, sich gegenseitig mit lustvoll-frivolen Geschichten, Textfragmenten, Gedichten und manchmal auch Sprachnachrichten zu erfreuen. »Die Hose offen. Deine Beine gespreizt. Ich vor dir sitzend. Die Innenseiten der Oberschenkel gehalten. Den nassen Mund langsam übers harte Rohr gestülpt. Mit der Zunge hin- und hergewirbelt. Am Eichelrand entlang. Die Eier dabei knetend und immer wieder nach oben geblickt.« Dirty Talk at it's best.

Das Schreiben gewährt auch Einblick in die jeweilige Gefühlslage. Eloquent und detailreich beschreiben sie einander, was sie gerade fühlen, wie es ihnen miteinander geht, was sie sich wünschen und was sie noch erleben wollen. »Ich war erstaunt, dich so wild zu erleben. Ich fühlte, wie du aus dir herauswächst. Ich wohnte einer Metamorphose bei. Verschmolzen sind wir zu einem sich windenden, schreienden, flehenden, spritzenden gemeinsamen Ganzen. So wildhemmungslos kannte ich dich bisher nur schriftlich. Immer schreibst du an Grenzen entlang. Das erstaunt und begeistert mich. Gestern war etwas anders. Es war aber nicht der Dildo. Ich mag deine Gefühle. Schreib sie mir. Flüstere sie mir ins Ohr. Schreie sie mir ins Gesicht. Mute dich mir zu!« Jedem Treffen gehen viele Nachrichten voraus. Und jedes Treffen wird auf die gleiche Weise nachbearbeitet: Es ist ein Zelebrieren von Vorfreude und Aftercare. Man könnte fast sagen, Nicola und Agnes haben dreimal Sex: einmal vor dem Treffen, einmal beim Treffen und einmal nach dem Treffen. Das Fiktive wird Stimulus und Vorbild für das Reale. Das Reale ist Inspiration für die Nacherzählung. Und die Nacherzählung wird zum Teil zur Vorausschau auf das, was noch kommt.

Sie schicken sich nicht nur Texte, sondern auch Bilder. Noch nie zuvor hat Agnes erotische Bilder von sich selbst gemacht. Ebenso wenig Nicola. Am Anfang sind beide scheu und es ist ihnen peinlich, sich voreinander auf diese Weise zu inszenieren. Es erfordert für beide Mut und eine Portion Selbstironie, sich sexy und manchmal auch pornografisch darzustellen. Agnes verliert mehr und mehr die Hemmung, sich auf diese Weise zu zeigen. Bald macht sie die Bilder nicht mehr nur, um Nicola zu erfreuen, sondern auch für sich selbst. Je mehr sie sich darauf einlässt, desto mehr werden ihre Bilder Liebeserklärungen an sich selbst. Sie hört langsam auf, ihren Körper als unzulänglich abzuqualifizieren. Wir kennen das: hier ein bisschen zu dick, da zu kleine Brüste, dort die Orangenhaut an den Oberschenkeln. Der kritische Blick auf sich selbst – ein endloser Mangel, unerbittlich und vernichtend. Agnes hilft die Kamera, ihren Körper und ihr erotisches Wesen in seiner Ganzheit liebevoll anzunehmen. Das Fotografieren wird zum Selbstheilungs- und Aneignungsprozess. Humor ist dabei ein wichtiger Aspekt. Nicola und sie experimentieren mit unterschiedlichen Blickwinkeln und fordern sich gegenseitig mit immer gewagteren und kreativeren Fotos heraus: Selfies mit Selbstauslöser,

Selfies in alle möglichen Spiegel fotografiert, geschminkt, verkleidet, in Dessous, nackt, Körperteile, Toys, Filter, Ausschnitte, Inszenierungen und Montagen. »Du bist meine Muse, du wunderbares Wesen machst mich zur Künstlerin. Ich hätte nie gedacht, dass ich jemals einhändig einen Handstand mache, mir die Banane in den Arsch schiebe und mit der einen Hand am Boden den Auslöser drücke, sodass es mich fast auf die Schnauze haut. Nur um dich mit einem Bild zu erfreuen«, schreibt Nicola ihrer Geliebten.

Nicola und Agnes entdecken Sexting (den Austausch sexueller Inhalte per Messenger) als erotisches Perpetuum Mobile, das unaufhörlich Stoff produziert. Sie werden nicht müde davon, unendlich scheinen die Varianten: Bild und Text, manchmal auch Bild und Text verschränkt. »Mir gefällt die Stimmung in deinem gestrigen Text, durch deine beiden Bilder untermalt. Du fängst sogar an, ›alte‹ Bilder neu einzufärben und zu verfremden. Ich liebe deine Verwandlungsfähigkeit, deine Experimentierlust. So viel kommt mir in den Sinn, jetzt wo ich weiß, was dein Wichsbild derzeit ist. Ich kann mich remote ins gleiche Bild einklinken und mir vorstellen, dass wir durch das Bild verbunden im gleichen Moment wichsen. Während deine Möse gierig auf einen zweiten Schwanz wartet, kann ich mich auf deinen weißen Rücken konzentrieren und meine Stange in deinem Arsch fühlen. Ich kann gleichzeitig in Gedanken vor dir stehen, hinter und unter dir. 3D-Surround, alles zusammen. So etwas kann die Realität nicht bieten.«

Weder Nicola noch Agnes hatten sich jemals so offenbart. Auch nicht vor sich selbst. Sowohl beim Schreiben als auch beim Reden werden viele Fantasien erst erzeugt. Sie können sich zeigen, sich mitteilen, einander zuhören und aufeinander reagieren. Es ist ein produktiver Selbstaneignungs- und Mitteilungsprozess, der sie Message für Message, Bild für Bild, einander näherbringt. Diese radikale Selbstoffenbarung macht sie selbstsicherer und autonomer.

Dazu gehört auch, dass Differenz sie mehr beflügelt als bedroht. Es befeuert ihre Erregung und sie fordern sich gegenseitig immer wieder heraus, sich noch mehr zu offenbaren. Agnes ist fantasiert von einem Spiel zu dritt. Sie würde gerne einen Mann suchen, der mit ihnen beiden spielt. Obwohl Nicola diese Fantasie nicht teilt, hört sie ihr gern zu. Es interessiert sie, was Agnes erregt. Manchmal flüstert sie ihr Geschichten, in denen sie selbst und mehrere Männer vorkommen, ins Ohr. Nicola ist davon angetan, wie stark diese Bilder und Worte Agnes in Fahrt bringen. Vor einiger Zeit war das noch befremdlich für sie. Sie hatte Angst, es würde sich negativ auf ihre gemeinsame Erotik auswirken; oder dass sie Agnes mit ihrer Abneigung, mit Männern zu spielen, nicht genügt. Sie dachte, dass jede Fantasie ein Wunsch ist, den sie erfüllen muss. Dann hätte Agnes aufgehört, darüber zu sprechen. Sie wäre mit einem Teil ihres erotischen Wesens draußen geblieben. Natürlich hat umgekehrt auch Nicola Vorlieben, die Agnes nicht teilt. Es hätte auch bei ihnen nicht lang gedauert und sie hätten sich auf den kleinsten gemeinsamen Nenner eingependelt. Spätestens nach ein, zwei Jahren wäre es langweilig geworden. So aber wirkt die respektvolle Anerkennung und Auseinandersetzung mit ihren unterschiedlichen Vorlieben und Fantasien – neben all den Gemeinsamkeiten – wie ein Jungbrunnen für ihre Beziehung. Das ist das erotische Paradox: Sie kommen sich näher, die Intimität wächst, und gleichzeitig spüren sie Fremdheit aufgrund der Differenz. Sie wissen, dass sie nie alles voneinander wissen. Sie gestehen sich Geheimnisse und eigene innere erotische Räume zu. In diesem Zwischenraum kann das Feuer lodern, dort kann sich die Glut immer wieder entzünden.

Neben den Fantasien tauschen sich die beiden auch über Gefühle aus; über negative wie Ängste, Scham, Eifersucht und Unsicherheit und über positive, also was sie aneinander schätzen und wie sie die Begegnungen erleben. Wenn sie sich treffen, ist ihr oberstes Prinzip, präsent und im Augenblick zu sein. Ohne sich abzusprechen, haben sie es sich zur Gewohnheit gemacht, das Handy auszuschalten. Natürlich war dies auch der Exklusivität ihrer Treffen wegen der räumlichen Distanz geschuldet, es ist jedoch in jeder Konstellation möglich und notwendig, Quality-Time einzuführen. Viel zu oft vergehen Monate und Jahre, in denen Paare sich nicht bewusst sind, dass Beziehung und Erotik Pflege, Aufmerksamkeit und Energie brauchen und nicht von selbst und nebenbei laufen.

Immer wieder denken sich Agnes und Nicola kleine Dramaturgien aus: mal zu Hause bei Agnes, mal im Hotel, mal im Freien. Die Spielsessions, wie sie es nennen, unterscheiden sich vom Alltagssex dadurch, dass sie vorbereiteter und aufwändiger gestaltet sind und es ausgeprägtere Rollen (Sub/Dom, Geben/Nehmen) gibt. Außerdem probieren sie immer wieder Neues aus. Das kann eine neue Rolle, ein neues Toy, eine neue Geschichte, die ins Ohr geflüstert wird, oder eine neue Stellung sein. Alltagssex, wie sie es nennen, kann ein Quickie am Morgen, »Ich mach es dir und du machst es mir« oder Sex sein, bei dem es wenig Varianz gibt, der vorhersehbar und vertraut ist und den sie genauso lieben. Anfangs, als sie sich kennenlernen, sind Nicolas Fähigkeiten, Agnes zu verführen und zu erregen, nicht besonders differenziert. Seine Kompetenz als Liebhaber ist rudimentär, denn ähnlich wie Agnes es in ihrer Ehe erlebt hat, verweigerte es Nicolas frühere Freundin, sich über Sexualität auszutauschen. Nicola merkt schnell, dass Agnes zwar eine lustvolle Frau ist, dass der klassische Koitus nach wenigen Minuten Vorspiel Agnes jedoch nicht in Höhenflüge versetzte. Das Besondere ist, dass Nicola es anspricht: Er gesteht Agnes, dass er sich ihr gegenüber unerfahren und erotisch einfältig vorkommt. Und das ist er auch. Er beginnt, Bücher zu lesen, um mehr über die weibliche Anatomie zu erfahren und beobachtet Agnes ganz genau beim Sex. Er versucht, jede Regung zu erkunden, um herauszufinden, wie sie erotisch tickt. Agnes ist erfreut darüber, dass sie gefragt wird, welche Berührung ihr gefällt. Es ist das erste Mal, dass sie jemand so differenziert nach ihren Vorlieben und Empfindungen fragt. Zu ihrem Erstaunen bemerkt sie, dass sie es selbst nicht immer in Worten ausdrücken kann, was sie will. Besser kann sie sagen, was sie nicht will. Einmal sagt Nicola einen Satz, der in ihre Beziehungsannalen eingehen sollte, weil er Agnes so entzückte: »Ich will dich genau lesen, ich will dich ergründen, ich will dich besser kennen lernen, als du dich selbst kennst.«

Nicola ermuntert Agnes, sich selbst zu berühren, damit er zusehen kann, welche Bewegungen sie macht, um sich zu stimulieren. Dabei zeigt Agnes ihm, dass sie nicht direkt an der Klitoris berührt werden will, weil das zu intensiv ist und ihre Erregung mehr drosselt als entfacht – zumindest am Anfang. Sie gesteht Nicola, dass sie es nicht leiden kann, wenn er ihre Vulva zu früh berührt. Am schlimmsten ist es für sie, wenn er ihre Klitoris und Lippen mit Spucke benetzt. Nicola ist zuerst verwirrt. Agnes erklärt ihm, dass sie Berührungen an ihrer Vulva und in ihrer Vagina liebt, allerdings erst ab einem bestimmten Erregungsgrad. Vorher will sie an den Nippeln stimuliert werden, schmusen, lachen und ganzkörperliche Berührungen genießen. Nicola fragt sich, ob das für seine früheren Partnerinnen auch so war und sinniert darüber, wie viel mehr Spaß sie wohl miteinander gehabt hätten, hätte er all das bereits damals gewusst und in dieser Offenheit besprechen können. Ja, so ist das oft beim Sex: Jede denkt, es passt gut, und am Ende merkt man, wie unauthentisch man sich verhalten und wie schamhaft man die eigenen Empfindungen vor dem Partner zurückgehalten hat, um ihn nicht zu beschämen oder weil man sich selbst schämte, darüber im Detail zu sprechen. Augen zu und durch – so lautet für viele das Motto. Zaghafte Versuche, die eigenen Vorlieben und Abneigungen mitzuteilen, laufen oft Gefahr, dass die Stimmung kippt, wenn die Partnerin von der Beurteilung des anderen abhängig ist. Wir haben es in diesem Buch schon beschrieben: Wenn einer für seinen Selbstwert auf die hundertprozentige Zustimmung des anderen angewiesen ist, wird jedes korrigierende Feedback als Kritik und Abwertung interpretiert. Es fallen dann Sätze wie »Nie kann ich dir etwas recht machen« oder »Du begehrst mich nicht richtig«. Werden Fragen gestellt, kann das für die Stimmung ebenfalls fatal sein: »Schön langsam solltest du wissen, was ich mag.« Manche, die auf der ganzen Fläche ausweichen, antworten auf Fragen nach Vorlieben mit dem vordergründig harmlosen Satz »Es ist alles gut, was du machst«, der bei genauerer Betrachtung verhindert, dass man einander näherkommt.

Für Nicola ändert sich seine Sexualität fundamental. Er lernt, wie schön es sein kann, wenn das Spiel mit Erregung zeitlich ausgedehnt und variantenreich ist. Er kann jetzt endlos zwischen 70 und 99 Prozent hin- und herschaukeln. Manchmal verzichtet er auf seinen Orgasmus, weil er das vibrierende, lebendige, energiereiche Gefühl im Körper bewahren will. Früher wäre es für Nicola unerträglich gewesen, nicht zu kommen. Inzwischen ist es ein Genuss, sich zu kontrollieren und dabei die Kontrolle zu verlieren. Wieder so ein Paradox: Je mehr man übt, mit seinem Atem und mit seinen Bewegungen die Erregung und seinen Orgasmusdrang zu steuern, desto ekstatischer empfindet man beim Sex. Nicola bewertet »richtigen Sex« nicht mehr als Penetration und damit quasi als Höhepunkt des Geschehens, dem alles andere als Vorspiel untergeordnet wird. All seine bisherigen Klassifikationen und Bewertungen greifen nicht mehr. Was Agnes nämlich besonders mag: Wenn sich aktiv und passiv, also geben und empfangen, eindeutig unterscheiden und abwechseln. Oft läuft Sex bei vielen Paaren so ab, dass beide versuchen, sich mit stimulierenden Berührungen gleichzeitig auf dieselbe Erregungsstufe zu bringen und dort bis zum Koitus – respektive Orgasmus – zu halten. Aber Agnes liebt es,

Nicola in Erregung zu versetzen, während er nur daliegt und genießt. Agnes ist froh, dass Nicola sich dabei immer besser entspannen und hingeben kann. Ebenso machen sie, nachdem sie auf einem Tantra-Massage-Seminar waren, immer wieder Berührungsrituale, bei denen vor allem Nicola Agnes massiert.

Sie experimentieren auch mit verschiedenen, an BDSM-Praktiken angelehnten, Rollen. Agnes traut sich mit Nicola zum ersten Mal in ihrem Leben auszuprobieren, was es bei ihr auslöst, sich in eine devote Rolle zu begeben. Sie hätte nicht gedacht, dass sie Gefallen daran findet. Anfangs muss sie ihren Glaubenssatz »Eine feministische Frau tut das nicht« über Bord werfen. Dass Nicola nicht nur in seiner Gender-Identität, sondern auch in seinen Neigungen sehr fluid ist, macht es für sie leichter. Nicola entdeckt mit Agnes seine anale Lust, die bis dahin Tabu für ihn war. Nicola wird ein anderer, als Agnes ihn im Rahmen eines Rollenspiels (Femdom) das erste Mal mit einem Strap-On penetriert. Für viele ist die Prostata-Region eine Tabuzone. Nicola hat dieses große sexuelle Potenzial für sich entdeckt. Selbst penetriert zu werden, macht aus ihm einen sensibleren Liebhaber. Die eigene Erfahrung, wie es ist, wenn etwas in seine empfindsame anale Zone eindringt, macht ihn seinerseits achtsamer bei der Penetration mit seinem Penis.

Agnes und Nicola schaffen in ihren Begegnungen erotische Kompositionen. Sie sind auf keine Rollen festgelegt, sondern probieren immer wieder Neues aus. Sie sind verspielt und neugierig. Sich auf unbekanntes Terrain zu wagen, beinhaltet auch den Mut zu scheitern – denn nicht alles, was sie ausprobieren, endet für beide lustvoll. Einmal will Nicola gemeinsam mit Agnes in einen Club gehen. Schon lange hegt er diesen Wunsch. Wochenlang sprechen sie darüber. Sie recherchieren im Vorfeld, wo sie hingehen könnten und fühlen dabei prickelnde Aufregung. Sie sprechen über Grenzen, Ängste und Eifersucht, darüber, was sie sich vorstellen und was dort passieren kann. Agnes hat zudem ein mulmiges Gefühl, da sie ein hohes öffentliches Amt in Wien bekleidet. Deswegen fahren sie auf ein Wochenende nach Berlin. Der berühmte KitKat-Club steht auf dem Programm. Am Tag vor der Party gehen sie in einen Laden, der Lack- und Lederkostüme verkauft. Sie sind begeistert, wie angenehm sich das Material auf der Haut anfühlt und was das bloße Anprobieren dieser Klamotten mit ihnen macht. Augenblicklich schlüpfen sie in neue Rollen. Die Aufregung kann nicht größer sein, als sie im Club ankommen. Viele Leute sind bereits da. An den Turntables dreht eine zwei Meter große Dragqueen die Scheiben. Die Atmosphäre ist schwülstig und dicht. Sie riechen Alkohol und Schweiß. Halbnackte Körper wiegen sich zu den Techno-Beats. An der Bar vögelt ein junges Paar – sie, über den Barhocker gelehnt und nur mit einer weißen Kunstpelzjacke und High Heels bekleidet, streckt ihm ihren nackten Hintern entgegen, während er verbotenerweise eine Zigarette raucht. Ja, so ähnlich hatten sie sich das vorgestellt. Dennoch: Sie kommen nicht in Stimmung. Besonders Agnes fühlt sich nicht wohl. Nicola ist enttäuscht. Er hatte die Fantasie von einem Spiel mit einer zweiten Frau. Agnes hatte sich das auch vorgestellt. »Gemeinsam auf die Jagd gehen« hat sie es ausgedrückt. Eigentlich hatten sie diesen Trip rund um dieses innere Bild gebaut. Als sie dort jedoch all diese Frauen in ihren Fetisch-Outfits sehen, können sie es sich nicht mehr vorstellen. Sie fremdeln beide, fühlen sich unwohl und unsicher. Schon bald fahren sie in ihr Hotel zurück. Lange besprechen sie, was passiert ist und nicht gepasst hat.

Ein anderes Mal sind sie auf einer privaten Party einer Transgenderfreundin von Nicola eingeladen. Nicola hat sich ein langes enges Glitzerkleid angezogen und trägt eine blonde Perücke. Sie flirten dort gemeinsam mit Tom. Der Flirt endet in einem nahegelegenen Hotel. Sowohl Nicola als auch Agnes fühlen sich in dieser Situation sehr erregt. Nicola ist erstaunt, wie ihre ursprüngliche Abneigung, mit einem Mann Sex zu haben, jetzt auf einmal verschwunden ist. Aber als sie sich gegenseitig auszuziehen beginnen, kippt die Stimmung bei Nicola. Sie merkt, dass Tom nur mehr Augen und Hände für Agnes zu haben scheint und auch Agnes war sichtlich von Tom angetan ist. Augenblicklich verschwindet bei Nicola die Lust auf dieses Spiel zu dritt. Alte Ängste von Zurückweisung werden in Nicola ausgelöst und sie entscheidet sich, nach Hause zu fahren. Sie will aber Agnes die Stimmung und dieses Abenteuer nicht verderben. Tapfer ermuntert Nicola Agnes, zu bleiben. Zuhause angekommen, bricht die Eifersucht über Nicola herein wie ein Tsunami. Jede Minute sieht Nicola auf ihr Handy. Bis sie es nicht mehr aushält und Agnes anruft. Diese hebt zu Nicolas Erleichterung ab und verspricht, bald nach Hause zu kommen. Wieder wird lange nachbesprochen. Was ist passiert? Wie hat sich jede gefühlt? Wie können sie eine solche Situation besser gestalten? Will Agnes Tom wiedersehen? Weder Agnes noch Nicola sind beleidigt oder machen einander Vorwürfe, obwohl die Situation für beide herausfordernd ist.

Neues auszuprobieren ist nur dann eine legitime und wachstumsfördernde Strategie, wenn Scheitern eine Option sein darf. Der Druck, dass es funktionieren muss, kann sonst so groß werden, dass man sich an bestimmte Herausforderungen nicht heranwagt. Die Voraussetzung dafür, dass das Scheitern eines gemeinsamen Vorhabens nicht im Desaster endet, ist, dass beide die Verantwortung für ihre Gefühle übernehmen. Auch, wenn Gefühle wie Unsicherheit, Eifersucht oder Überforderung unangenehm sind, ist die Beschäftigung damit ein weiterer Schritt zu mehr Bewusstheit. Die neue Situation kann so trotz der unangenehmen Gefühle positiv enden, weil man etwas daraus lernt. Vielleicht entscheiden sich die beiden, dass sie ihre Sexualität in Hinkunft doch exklusiv leben. Vielleicht finden sie andere Wege, die Fantasie(n) zu dritt umzusetzen. Wie auch immer: Agnes und Nicola werden noch viel erleben und sie werden sich miteinander weiterentwickeln. Die beiden sind für uns in vielerlei Hinsicht ein sexpositives Paar.

16 Punkte, die Sie zu neuer Intimität und Beziehung führen

Wir haben Ihnen in diesem Buch viele theoretische und praktische Aspekte zum Thema »Was ist sexpositiv?« nähergebracht. Erinnern sie sich noch an den Anfang, wo wir darüber geschrieben haben, wonach Menschen sich sehnen? »Ist es nicht einfach? Wir sind geil und wir wollen Sex. Wir lieben und wir wollen geliebt werden. Ob wir jung, alt, dick, dünn, hetero oder homosexuell sind, ob wir uns als Frau oder Mann oder beides gleichzeitig fühlen, ob wir monogam oder polyamor leben: Wir alle sind auf der Suche nach nährenden, erfüllenden und lustvollen Beziehungen. Die Sehnsucht nach Intimität und Leidenschaft in Begegnungen treibt uns an.« Wir sind davon überzeugt, dass sich diese Sehnsüchte mit einer sexpositiven Haltung erfüllen können.

Welche Kriterien für uns eine sexpositive Beziehung ausmachen, wollen wir zum Abschluss zusammenfassen. Es ist uns wichtig, nochmals zu betonen: Wenn wir von Beziehung oder Paaren sprechen, meinen wir alle Formen von Beziehung (von monogam bis nicht-monogam) und alle Formen von sexueller Identität und Orientierung. Wir haben 16 Punkte herausdestilliert, wie Intimität und Beziehung neu verhandelt werden kann und zu mehr Zufriedenheit und Erfüllung im Leben führt. Diese 16 Punkte sind die Essenz dieses Buches.

1. Selbstverantwortung und sexuelles Lernen
Sexpositive Menschen übernehmen Verantwortung für ihre Gefühle und für ihr sexuelles Empfinden. Das heißt, sie bür-

den dem anderen nicht die Verantwortung für ihr Wohlbefinden auf. Sie setzen sich bewusst mit ihrem Körper und ihrer Lust auseinander und investieren in sexuelle Weiterbildung.

2. Über Sexualität sprechen

In sexpositiven Beziehungen sprechen Menschen über ihre Sexualität, und das nicht nur am Beginn der Beziehung oder in Krisen. Sie etablieren eine Gesprächs- und Feedback-Kultur, in der sie offen über sexuelle Wünsche, Bedürfnisse, Fantasien, Veränderungen und Vorhaben sprechen. Sie fühlen sich dabei sicher, ungezwungen und vertraut, unterstützen sich gegenseitig und sind ehrlich, authentisch und wahrhaftig. Der Austausch ist Teil ihres sexuellen Alltags.

3. Konsens anstreben

Sexpositive Paare haben sich mit dem Aushandeln von Konsens auseinandergesetzt. Sie gehen nicht davon aus, dass sie sich sexuell in- und auswendig kennen – auch nicht, wenn sie schon lange zusammen sind. Sie fragen immer wieder nach Wünschen und Bedürfnissen und sprechen darüber, worauf jeder im Moment Lust hat. Sie gestalten damit gemeinsam eine erotische Begegnung, die für beide stimmig ist.

4. Aufmerksamkeit: Präsenz und Verbundenheit

Sexpositive Paare geben Erotik, Sinnlichkeit und Sexualität explizite Aufmerksamkeit. Sie sind präsent und geben einander das Gefühl, gesehen und gemeint zu sein. Beide arbeiten bewusst daran, Nähe, Intimität und Verbundenheit zu erzeugen. Sexpositive Beziehungen haben mehr Rituale als Routinen. Rituale schaffen besondere Momente der Intimität und Einzigartigkeit. Rituale sind Inspirationen, die eingespielte Routinen aufbrechen und die Spielfreude fördern können.

5. Autonomie: Differenz als Ressource

Sexpositive Paare suchen nicht nur nach Gemeinsamkeiten, sondern auch nach Unterschieden. Sie haben Respekt vor individuellen Wünschen, Eigenarten und Bedürfnissen. Differenz wird als Ressource und Chance, nicht als Hindernis begriffen. Sexpositive Paare geben einander Freiräume, damit jeder seine eigenen sexuellen Räume pflegen und erweitern kann. Wie diese Freiräume aussehen, handeln alle Beteiligten individuell aus.

6. Vertrauen und Zugewandtheit

Die Abmachungen sexpositiver Paare basieren auf Zugewandtheit und Vertrauen. Sexpositive Paare wissen, dass sie es sind, die das Besondere und Exklusive miteinander produzieren. Sie wissen, dass ihre Beziehung nicht austauschbar, ersetzbar und damit beliebig ist.

7. Neugierde und Experimentierfreudigkeit

Sexpositive Paare bleiben nicht dort stehen, wo es bereits gut funktioniert, sondern versuchen immer wieder, neue Varianten auszuprobieren. Sie sind verspielt, neugierig und experimentierfreudig und wollen ihre Lustzonen erweitern.

8. Sexuelle Begegnungen planen

Sexpositive Paare planen, bereiten sich vor und gestalten einen erotischen Raum – physisch und metaphorisch. Erotik breitet sich auch im Alltäglichen aus. Dennoch gehen sie ohne Erwartung in jede Begegnung und lassen sich immer wieder vom Unplanbaren überraschen.

9. Fantasien kultivieren

Sexpositive Paare kultivieren Fantasien auf vielfältige Weise als wesentlichen Bestandteil ihrer gemeinsamen erotischen Energie. Sie entwickeln gemeinsam oder jeder für sich Fantasien oder lassen sich von außen inspirieren. Bei den einen spielen sich Fantasien nur im Kopf ab, bei den anderen können aus Fantasien ausgelebte Wünsche werden.

10. Mut zum Scheitern
Sexpositive Paare sind nicht enttäuscht, wenn es anders läuft als erwartet. Scheitern nehmen sie zum Anlass, zu wachsen. Humor, Leichtigkeit, ehrliche Kommunikation und eine konstruktive Grundhaltung sind Elemente in der Bewältigung negativer Erlebnisse.

11. Gegenseitige Unterstützung bei emotionalen Krisen
Sexpositive Paare geben einander Unterstützung bei emotionalen Krisen wie Eifersucht, Scham und anderen schwierigen Situationen. Gerade wenn einer der beiden sich nicht gut fühlt, eine schlechte Erfahrung gemacht hat oder Traumata von früher eine Situation »triggern« (starke Emotionen auslösen), ist der andere besonders aufmerksam und bietet aktiv Gespräche, Reflexion oder körperliche Nähe an.

12. Konstruktive Arbeit an Lösungen
Sexpositive Paare haben sich dazu bekannt, Zeit, Energie und Kreativität in das Finden von Lösungen bei unvereinbaren Wünschen, Geschwindigkeiten und Begehren zu investieren. Paare, die ihre Sexualität wertschätzen, haben Verständnis dafür, wenn der andere einmal Nein sagt. Sie haben gelernt, dass ein Nein »nicht das« oder »nicht jetzt« und keine grundlegende Zurückweisung bedeutet.

13. Großzügigkeit
Sexpositive Paare sind großzügig und machen sich nicht nur materielle, sondern vor allem ideelle Geschenke. Sie sind hilfsbereit, geduldig, empathisch, interessiert und begegnen sich mit offenem Herz. Sie sind aufmerksam und investieren in qualitätsvolle Zeit miteinander. Sexpositive Menschen überraschen einander oft mit absichtsloser Berührung und

körperlicher Zuwendung. Sie machen einander Komplimente und drücken ihre Zuneigung verbal im Alltag aus.

14. Investition in persönliches Wachstum
Sexpositive Menschen suchen aktiv nach einer Auseinandersetzung mit sich selbst, um eine erwachsene Beziehung führen zu können. Sie besuchen Seminare, Jahresgruppen und Retreats. Manche machen eine Therapie oder gehen in eine Beratung. Für sie ist Selbsterfahrung keine Bürde, sondern bereichernd und notwendig für das persönliche Wachstum.

15. Safer Sex
Sexpositive Menschen sprechen über ihre sexuelle Gesundheit, denn es ist Ihnen wichtig, dass sich jeder in der Beziehung sicher fühlt und dem anderen vertrauen kann. Sie kennen sich mit Safer-Sex-Methoden aus und übernehmen gemeinsam Verantwortung für Gesundheit und Verhütung.

16. Gender
Sexpositive Menschen reflektieren ihr gefühltes Geschlecht und setzen sich mit gesellschaftlichen Stereotypen auseinander. Sie hinterfragen klassische Rollenbilder und Verhaltensweisen von Männern und Frauen im Spiegel ihrer Sexualität.

Nicht immer sind alle Punkte für alle gleich wichtig, weil sich das Leben und die Prioritäten ändern. Wir wollen Sie aber ermuntern und inspirieren, sich mit allen 16 Kriterien – allein oder gemeinsam mit Ihrem Partner – auseinanderzusetzen. Lassen Sie sich überraschen, welche Prozesse dadurch ausgelöst werden.
Welche dieser Punkte sind in Ihrer Beziehung lebendig?
Was ist Ihnen fremd?
Worauf wären Sie neugierig?
Was davon haben Sie früher gelebt und was ist im Lauf der Zeit verloren gegangen?
Was vermissen Sie am meisten?

Welchen Bereich wollen Sie lieber heute als morgen (wieder) beleben?

Vielleicht hat Ihnen unser Buch genau im richtigen Moment die richtigen Impulse gegeben, etwas in Ihrem Beziehungs- und Sexleben zu verändern. Vielleicht haben Sie Lust bekommen, tiefer einzutauchen, wie Sie diese Kriterien umsetzen können, sind aber unsicher, wie das in der Praxis aussehen kann. Wir haben ein sexpositives Coaching-Programm entwickelt, das Sie zwölf Wochen lang durch Ihren Prozess führt. Wir gehen in Videos auf alle 16 Kriterien ausführlich ein, begleiten Sie mit praktischen Übungen, wöchentlicher Einzelbetreuung und moderierten Gruppencoachings (Sharing-Runden).

Auf unserer Website www.sexpositive-coaching.com stellen wir dieses Programm näher vor. Lassen Sie sich auf die sexpositive Reise ein. Sie werden neue Dimensionen in Ihrer Intimität und Beziehung erleben, die Sie erfüllter und glücklicher machen.

Anhang

Literaturempfehlungen

Anand, M. (2003). Magie des Tantra. Sky Dancing: Die hohe Schule der Erotik für Paare und Singles. München: Goldmann

Andrews, A. (2020). A Quick & Easy Guide to Sex & Disability. Portland: Oni Press

Bader, M. (2003). Arousal – The secret logic of sexual fantasies. New York: Thomas Dunne Books

Brotto, L. A. (2018). Better sex through mindfulness – how women can cultivate desire. Canada: Greystone Books

Brown B. (2017). Verletzlichkeit macht stark. München: Goldmann

Carrellas, B. (2007). Urban Tantra – sacred sex for the twenty-first century. New York: Celestial Arts

Catuz, Patrick (2013). Feminismus fickt! Perspektiven feministischer Pornographie. Berlin-Münster-London-Wien-Zürich: LIT

Christinger, D. (2011). Auf den Schwingen weiblicher Sexualität. München: Piper

Christinger, D. und Schröter, P. A. (2011). Vom Nehmen und Genommenwerden. Für eine neue Beziehungserotik. München: Piper

Clement U. (2007). Guter Sex trotz Liebe – Wege aus der verkehrsberuhigten Zone. Berlin: Ullstein

Clement, U. (2015). Think Love – Das indiskrete Fragebuch. München: Rogner & Bernhard

Easton, D., J. W. Hardy (2003). The New Topping Book, Emeryville: Greenery Press

Easton, D., Liszt C. A. (2000). When Someone You Love is Kinky. Emeryville: Greenery Press

Easton, D., Hardy, J.W. (2009). The Ethical Slut. A radical guide to polyamory, open relationships, and other adventures. New York: Random House: New York

Easton, Liszt, Hardy, Fish (2001). The New Bottoming Book, Emeryville: Greenery Press

Fine, C. (2012). Die Geschlechterlüge. Die Macht der Vorurteile über Frau und Mann. Stuttgart: Klett-Cotta

Fredrickson, B. (2009). Die Macht der guten Gefühle – Wie eine positive Haltung Ihr Leben dauerhaft verändert. New York: Campus

Grimme, M. T. J. (1996). Das SM-Handbuch. Hamburg: Charon

Halvax, V. (2019). Sex – Die Kunst, zu berühren. Berlin/Wien: Goldegg

Henning, A., Hansen, J. (2018). Männer: Körper. Sex. Gesundheit. Hamburg: Rowohlt

Hofmann, I., Zimmermann, D. (2012). Die andere Beziehung. Polyamorie und Philosophische Praxis. Stuttgart: Schmetterling

Kehlet Lins, K. (2020). Einführung in die systemische Sexualtherapie. Heidelberg: Carl-Auer-Systeme

Kleinplatz, P. (2012). New Directions in Sex Therapy: Innovations and Alternatives. New York: Taylor & Fran

Mintz, L. (2018). Richtig Kommen – Aufregende Wege zum klitoralen Orgasmus. New York: Random House

Morin, J. (1995). The Erotic Mind. New York: Harper Collins

Nagoski, E. (2015). Come as You Are: The Surprising New Science that Will Transform Your Sex Life. New York: Simon & Schuster

Orenstein, P. (2020). Boys & Sex. Young Men on Hook-ups, Love, Porn, Consent and Navigating the New Masculinity. New York: Harper Collins Publishers

Penny, L. (2015). Unsagbare Dinge. Sex, Lügen und Revolution. Hamburg: Edition Nautilus

Powell, L. (2018). Building Open Relationships: Your hands on guide to swinging.

Powers, L. (2000). The mistress manual – The good girl's guide to female dominance Emeryville: Greenery Press

Rescio, S. (2015). Sex und Achtsamkeit. Sexualität, die das ganze Leben berührt. Bielefeld: Kamphausen

Richardson, D. (2003). Zeit für Liebe. Sex, Intimität & Ekstase in Beziehungen. Köln: Innenwelt

Riedl, M. (2006). Yoni Massage. Entdecke die Quellen weiblicher Liebeslust. Emmendingen: Hans Nietsch

Riedl, M. (2012). Lingam Massage. Entdecke die Quellen männlicher Liebeslust. Emmendingen: Hans Nietsch

Rosenberg, M. (2001). Gewaltfreie Kommunikation – Eine Sprache des Lebens. Paderborn: Jungfermann

Rotman, I. (2020). A Quick and Easy Guide to Consent. Portland: Oni Press

Schnarch, D. (2006). Die Psychologie sexueller Leidenschaft. Stuttgart: Klett-Cotta

Schnarch, D. (2018). Brain Talk – How mind mapping brain science can change your life & everyone in it. Colorado: Sterling

Schröter, P. A., Meyer, Ch. (2011). Die Kraft der männlichen Sexualität. München: Pendo

Servan-Schreiber, D. (2006). Die neue Medizin der Emotionen. München: Random House

Sigusch, V. (2005). Neo Sexualitäten – Über den kulturellen Wandel von Liebe und Perversion. Frankfurt/ New York: Campus

Simon, A. (2020). Sex dich frei – Der neue Liebestrend. Was du schon immer über Polyamorie wissen wolltest. Hörbuch Lynen Media GmbH

Sztenc, M. (2018). Vom Leistungssex zum Liebesspiel – Ein Übungsbuch für Männer. Stuttgart: Hirzel

Sztenc, M. (2020). Embodimentorientierte Sexualtherapie – Grundlagen und Anwendung des Sexocorporel. Stuttgart: Schattauer

Taormino, T. (2013). The Feminist Porn Book Band I. The Politics of Producing Pleasure. Los Angeles: Feminist Porn

Veaux, F. (2014). More Than Two: A Practical Guide to Ethical Polyamory. Portland: Thorntree Press

Wiseman, M (2017). Mind Play: A Guide to Erotic Hypnosis. USA: Create Space Independent Publishing Platform

Quellenverzeichnis

Absalon, B. (2020). https://luhmendarc.blog/2020/01/15/jenseits-von-sexpositiv-und-sexnegativ/

Bischof, K. (2016). Lust auf Sex durch Lust am Sex – Das Begehren und die Neurophysiologie der Erotik. In: Eck, A. (Hrsg.) Der erotische Raum. Fragen der weiblichen Sexualität in der Therapie. Heidelberg: Carl-Auer, S. 183–198

Bischof-Campbell, A. (2012). Das sexuelle Erleben von Frauen als Spiegel ihres sexuellen Verhaltens. Masterarbeit. Universität Zürich

Butler, J., Menke K. (1991). Das Unbehagen der Geschlechter. Berlin: Suhrkamp

Clement, U. (2014). Systemische Sexualtherapie. Stuttgart: Klett-Cotta

Clement, U. (2016). Dynamik des Begehrens. Systemische Sexualtherapie in der Praxis. Heidelberg: Carl-Auer-Systeme

Eck, A. (2020): Sexuelle Fantasien in der Therapie. Göttingen: Vandenhoeck & Ruprecht

Eck, A. (Hrsg.) (2016). Der erotische Raum. Fragen der weiblichen Sexualität in der Therapie. Heidelberg: Carl-Auer-Systeme

Engelhardt, D. Ich liebe dich und sie, und du liebst mich und ihn. In: Tages-Anzeiger, Zürich, vom 23. Januar 2007

Friedman, J. (2008). Yes means yes. Seal Press

Friedman, J. (2011). What You Really Really Want: The Smart Girl's Shame-Free Guide to Sex and Safety. Seal Press

Gabosch, A., Shub, J. (2019). Sex Positive Now. Everything you need to know about Sex Positivity. Sexy Activist Publishing: Australia

Gehrig, P. (2010). Erektionsstörung – erektile Dysfunktion. In: Gehrig, P. und Bischof, K. (Hrsg.) Leitfaden Sexualberatung für die ärztliche Praxis

Giddens, A., Pelzer H. (2016). Wandel der Intimität: Sexualität, Liebe und Erotik in modernen Gesellschaften. Berlin: Fischer

Grochowiak, K., Haag S. (2007). Die Arbeit mit Glaubenssätzen als Schlüssel zur seelischen Weiterentwicklung. Darmstadt: Schirner

Kink Guidelines https://www.kinkguidelines.com

Lehofer, M. (2019). Mit mir sein. Selbstliebe als Basis für Begegnung und Beziehung. Wien: Braumüller

Lehofer, M. (2020). Alter ist eine Illusion. Wie wir uns von den Grenzen im Kopf befreien. München: Gräfe und Unzer

Martin, B. https://bettymartin.org

Neff, K. (2020). Sex Positive – Redefining our Attitudes to Love and Sex. London: Watkins

Ossmann, S., Eder, F. (2021). Polyamorie in medialer, sozialer und Identitätsperspektive. https://polyamorie.univie.ac.at/projektergebnisse/ergebnisse/ #c57560

Perel, E. (2008). Wild Life – Die Rückkehr der Erotik in die Liebe. München: Piper

Perel, E. (2017). The State of Affairs – Rethinking Infidelity, London: Yellow Kite Harper

Rees, A. (2017). Beyond Beautiful: Wie wir trotz Schönheitswahn zufrieden und selbstbewusst leben. Köln: Dumont

Ryan, C., Jetha, C. (2010). Sex at Dawn – How We Mate, Why We Stray, and What It Means for Modern Relationships. New York: Harper Perennial

Schmidt, G. (2014). Das neue DER, DIE, DAS. Über die Modernisierung des Sexuellen. Gießen: Psychosozial

Schnarch, D. (2011). Intimität und Verlangen. Sexuelle Leidenschaft in dauerhaften Beziehungen. Stuttgart: Klett-Cotta

Schymanski, I. (2015). Im Teufelskreis der Lust. Raus aus der Belohnungsfalle. Stuttgart: Schattauer

Wasserman, M. (2015). Cyber Infidelity – The New Seduction – Dr Eve. Cape Town: Human & Rousseau

Über die Autorinnen

Beatrix Roidinger ist Sexualberaterin und klinische Sexologin. Sie begleitet Paare und Einzelpersonen dabei, sich (wieder) wohler in ihrer Haut und im erotischen Spiel zu fühlen. Für sie kommen bei Fragen zu Sexualität und Beziehung wesentliche Lebensthemen an die Oberfläche:
Wie verbunden fühlen wir uns mit anderen und mit uns selbst?
Wollen wir unsere Grenzen erweitern und wenn ja, in welche Richtung?
Wie gut halten wir Differenz aus?
Wie kreativ und verspielt sind wir?
Am Ende steht immer die Frage nach einem Sein, in dem Menschen ihr gesamtes Potenzial entfalten können.

Beatrix Roidinger zeigt, wie mit einer sexpositiven Haltung der Horizont erweitert werden kann. Neue Handlungsoptionen führen so aus der Enge heraus und verändern das Beziehungsleben und die gelebte Sexualität zum Positiven.

Barbara Zuschnig, studierte Sexualberaterin und ausgebildete Coach, arbeitet mit ihrer Kollegin Beatrix Roidinger in eigener Praxis in Wien.

Seit vielen Jahren beschäftigt sich die Autorin mit der Frage, wie Menschen ihre Sexualität und ihre Beziehungsformen sinnlich und authentisch leben können. Sie begleitet Einzelpersonen und Paare mit einer sexpositiven Haltung durch Veränderungsprozesse. Für sie ist Sexualität mehr, als allgemein gedacht wird: Dabei geht es um die ganze Persönlichkeit, um Sehnsüchte und Tabus. Es geht darum, wie wir kommunizieren, wie wir uns selbst lieben und auf unsere Bedürfnisse achten, ohne das Gegenüber aus dem Blick zu verlieren.
Praxis *EROS & du*: https://paarberatung-sexualberatung.at
Sexpositives Coaching-Programm:
                                    www.sexpositive-coaching.com